課堂上的摩訶止觀

永本 著

壹

—前言—

圓頓的力量

禪修，是現代人陶冶生活、淨化心靈的良方。但是，禪修的方法非常多樣性，不了解禪修過程的相狀，容易產生異端，造成知見偏頗而誤入邪途。止觀，是禪的文字相，透過止觀的修學，可以了解禪的境相、層次、體狀、作用等，故參禪打坐可以藉由止觀的內涵，直探禪定智慧的本源。

中國佛教八宗的特色可概括為「密富禪貧方便淨，唯識耐煩嘉祥空，傳統華嚴修身律，義理組織天台宗」。天台宗「教理」高度的組織化，除了精密分析和綜合佛陀一代時教，並昇華出「圓融三諦」、「一念三千」的教相理論，同時還均衡的闡述四種三昧與十境十乘的修證法則，開創出「教觀雙美、乘戒俱急」的新天地。智者大師的教學思想，是將教相門之教理組織與實踐之觀心門融合而成一個體系，此種性格最鮮明的莫過於《摩訶止觀》，其宗教實踐的目的，則在究盡「諸法實相」。《摩訶止觀》所教導之「行」，即宗教的實踐，稱為「止觀」。「止」即「心的平靜狀態，去除情念」的禪定行；「觀」即「正確的認識」。即在禪定的基礎下，詳細的觀察世間的真實相。智者大師站在此種立場，將止觀方法作一種大幅度的展開，建立其獨特的教學體系，即是這部《摩訶止觀》。此書將「止觀」作為禪定的行法，整理出一種有系統的修行體系。這個體系從菩提心（堅固的意志）開始，預備的前行（二十五方便），從而導入「正修行」之實修，故又稱為「圓頓止觀」。而其實踐重點，可以用九個字來說明，即：菩提心、方便行、正修行。

菩提心、方便行

天台教學要得知「諸法實相」，為達成此目標的宗教實踐，則是「正修行」的修習。所以，第一步即是「菩提心的發起」，若不具備菩提心，佛道便無法展開。

但「菩提心」是什麼?書中，有多方面的論及。

僅有菩提心，也不能作為正修行的基本條件。為了追求菩提，更要對生活環境、生活方式、心的把握方法等等，作為接近佛道生活方式之確立，此即「二十五方便」。「二十五方便」並不是一種嚴格的規律，而是一種生活心得。

二十五方便的第一「具五緣」，是對於修道生活方式的敘述（持戒清淨、衣食具足、閒居靜處、息諸緣務等）。第二「呵五欲」，是對感官生活所現起的內心動搖的克服，使心不被物所拘。第三「棄五蓋」（貪欲蓋、瞋恚蓋、睡眠蓋、掉悔蓋、疑蓋），這是去除日常生活中的煩惱。第四「調五事」，調和飲食、睡眠、呼吸，以保持健康的身心。第五「行五法」，是為了追求菩提的自我要求。

如果依循上述生活方式，即是完全投入菩提的追求了。

正修行

《摩訶止觀》究極的教學目標，是要了知諸法實相，其中不可欠缺的宗教實踐就是「正修行」。將心制於一處（止），把對象以如實的態度來照見（觀）。但是將所觀察的「諸法」與能觀察的「止觀」之關係加以整理，就成為一種新的教學體系，即智者大師所立的「十乘觀、十境」。

一切諸法的觀察

為了究盡諸法實相，智者大師將「諸法」分類為「十境」，明確的指出「行」的修習方向。此十境為「陰入界境、煩惱境、病患境、業相境、魔事境、禪定境、諸見境、增上慢境、二乘境、菩薩境」，其中「陰入界境」特別受重視，其餘的九境是將我們眾生現有被煩惱支配的心，依據其特徵而整理出來。當我們深入觀察陰入界境，遇到止觀不調時，才要觀察這九境，並不是要時常觀察九境的。

第一境的「陰入界境」是指「五陰、十二入、十八界」。五陰是指「包含我們在內的現象界所有的存在」，其構成要素為色（一般物質）、受（感覺作用）、想（表象作用）、行（心的意志作用）、識（識別作用）。十二入，指「一切的存在，是由主觀的感覺器官（六根）與客觀的知覺對象（六境）組成」。十八界，指「六根、六境，加上以六根、六境為條件而產生的六識」。簡單的說，這三者是人們內在的一切存在要素，因此陰入界境即指「一切諸法」。

以「陰入界境」為所觀境，再以止觀方法來觀察諸法，就能清楚的究盡其實相。

其中，最重要的是觀察識陰，智者大師認為「識陰即心，即一切諸法」，故而「觀心」即是「觀一切諸法」；將觀心予以徹底的發展，即能把握一切諸法的實相。

觀心的方法

觀心的方法，即四種三昧、一心三觀，與四句推檢。四種三昧，指常行三昧、常坐三昧、半行半坐三昧、非行非坐三昧；是修行時對身體的掌握，也就是從外在形式的規定，進而把握內心的方法。就形式來看，即是坐禪、行道。透過三昧的修持，引發內在的自覺心，即是「觀心」。所謂觀心，即不依特定的形式，自在的隨意觀察自心。面對所觀境時，如何能觀心？智者大師的解答是「十乘觀法」。

十乘觀法的內容為「觀不思議境、起慈悲心、巧安止觀、破法遍、識通塞、修道品、對治助道、知次位、能安忍、無法愛」。最初的「觀不思議境」，是教學思想上為了理解諸法實相，所作的最直接的實踐態度，其具體方法為「一心三觀」與「四句推檢」。

「一心三觀」是逐漸達到體悟諸法實相的一種實踐態度。首先為了得知實相，煩惱的對治是不可缺少的，天台宗將此煩惱分類為「見思惑、塵沙惑、無明惑」，其對治方法，即「三觀」：從假入空觀、從空入假觀、中道第一義觀。目的是要破除「對有的取著、對空無的偏執、墮於極端的智慧」。因此為了破除煩惱所作的「三觀」，實際上就是智慧的內容。修習三觀時，能得到三智（一切智、道種智、一切種智），在了達諸法實相時，也就對治了三惑。因此修三觀、破三惑、開發三智，如實知諸法的「空、假、中」之相狀，即是掌握諸法實相的三個階段。

在智者大師的教學思想根源中，諸法的實相是無法以思惟來表現的。因此正修止觀還有更深一層的實踐，引導行者悟入實相的境界；與此相對應的教說，即是「一念三千」。「一念三千」，指我們眾生的一念心中包含一切法（即三千諸法）。它的主題是在探究一切法的真實相，方法則是提出「心與一切法的關係」。

要了解「一切法」究竟是什麼，首先將「心生一切法」這個命題，用「四句推檢」來探究能生的心與所生的一切法之關係。這個方法是將一切存在的生起關係，以龍樹菩薩的四句「自生、他生、共生、無因生」檢索。「一念三千說」透過四句推檢的方式，解說一切法的究極相。這裡要注意的是，以「不可得」、「不二」來表達一切法的究極相（實相）。

因此，所謂「正修止觀」若以四句推檢來表示的話，即是要觀察除了「不二、不可得」以外，無法再用其他言說來表示的「絕諸言說、思議」境界。對智者大師來說，正修行的方法並不只是「一心三觀」，還包括解說用的「四句推檢」。

本書的四種三昧中的「非行非坐三昧」，及五略中的「歸大處」，亦有關於一念三千的說明。前者以四句推檢的方式來探究心的實相，後者則說實相的極至必須透過實踐才能體悟。這幾點是第七章正修章的主要論題。

一般人以為所謂的「一念三千」就是「一念心中具足三千諸法」，這其實並不正確。如前所說，作為一法的本身並不能稱為「有」，而是以「四句推檢」的方式，來證明一切都是「不二、相即」的關係。因此「一念三千」的骨幹，即是「四句推檢」與諸法「不二、相即」的關係。

後語

一九八一年因為恩師星雲大師及長老慈惠法師的引薦，向慧嶽長老（一九一七—

二〇一六）學習天台學。之後，因自身的資質愚鈍、懈怠放逸，致使對天台宗教義無有所成。為了顧念長老對我的期許，自二〇〇七年開始，連續四年在《人間福報》以單篇、料簡的方式，依次解說《摩訶止觀》的內容。寫作過程，主要參考湛然注釋智顗《摩訶止觀》之《止觀輔行傳弘決》來說明，同時參閱湛然之《摩訶止觀輔行搜要記》十卷、有嚴之《摩訶止觀輔行傳弘決助覽》四卷、道邃之《摩訶止觀論弘決纂義》八卷等。一來自我督促學習，二來希望藉此止觀的修行方法與觀念，提供給現代禪修者參考。敬請教界大德，不吝指教！

二〇一九年五月二十八日

目次

第五章　偏圓

第六章　方便

《課堂上的摩訶止觀》貳

第七章　正修行

◎正修行

《課堂上的摩訶止觀》參

《摩訶止觀》梗概

智顗大師眾多實踐門著作中，前期代表作是金陵瓦官寺所講的《次第禪門》，後期代表作則是於開皇十四年（五九四）四月二十六日在荊州玉泉寺（今湖北當陽縣）所講說，弟子灌頂聽記後，經再三整理修治成書的《摩訶止觀》。

現行本的《摩訶止觀》原題名為《圓頓止觀》，十卷，此書內容是從佛陀以來，印度及中國佛教傳承種種煩雜的行法中，以雄大教相理論的體系為基礎，透過大小、偏圓、絕待等觀點來論述，是佛教全體止觀法門之集大成，更是天台圓教實踐之極致，由灌頂所撰的〈序分〉和智顗大師講述的〈正說分〉兩部分組成，在〈正說分〉中，概論與廣說前後重疊交互，形成「五略、十廣」的嵌套式結構。

一、五略、十廣的組織

所謂五略即發大心、修大行、感大果、裂大網、歸大處。發大心是以「四諦」、「四弘誓願」、「六即」等來說明真正發大心的內涵。修大行則攝盡二十五方便、十乘觀法、四種三昧等行法。感大果是說明修習四種三昧等行法當能斷除無明，證得中道之果報。裂大網是說透過證得中道能破除煩惱，發大獅吼，必能自覺覺他。歸大處總說法身、般若、解脫三德為其皈依處。

十廣是大意、釋名、體相、攝法、偏圓、方便、正修、果報、起教、旨歸。

第一大意：簡單說明五略的內容。

第二釋名：詳細說明止觀的含義，以「相待」、「絕待」、「會異」、「通三德」等四種顯示止觀的深廣。

第三體相：所詮釋的道理，名之為「體」；分別權實、大小不同，名為「相」。即顯示止觀的教相、智眼、境界、得失等。

第四攝法：說明止觀之體相能廣泛攝持一切法。

第五偏圓：對於攝法的內容區分為「大小」、「半滿」、「偏圓」、「漸頓」、「權實」等。

第六方便：在實踐門中，首先必須具備的條件是二十五方便法。

第七正修：修習十境、十乘、四種三昧等行法。

第八果報、第九起教、第十旨歸，這三者只有列章目但沒有解釋，其中的原因，自古以來有兩種說法：

從歷史的角度而言：西元五九四年，智顗大師在荊州玉泉寺結夏安居中說《摩訶止觀》，講至第七正修時，適逢結夏安居結束，所以後三章於是停講。

從修持的境界來說：後三章的內容是證道後自然會知道的境界，所以不須說明。這是從十境中，增上慢境、二乘境、菩薩境，此三者沒有敘述的原因來推測的。

以上兩種說法都具有其道理。

二、正修行之體系

《摩訶止觀》體系的架構在於二十五方便與十境、十乘觀法，而此觀法為智顗大師所倡導，亦是實修典型的天台圓教三昧，即四種三昧所不可或缺的觀法，也即是說，行人修四種三昧，如未實修二十五方便與十境、十乘觀法，則不能稱之為天台圓教三昧。今將圓頓止觀所闡述的正修方法作一簡述。

（一）二十五方便

二十五方便並不是一種嚴格的規律，而是一種生活心得。更具體的說，對於生活環境、方式、心的把握等，所定下來的一種理想的生活方法。

二十五方便的第一個是「具五緣」，這是對於生活方式的一種一般性敘述（持戒清淨、衣食具足、閒居靜處、息諸緣務等）。第二是「呵五欲」，這是克服生活中所現起的內心動搖，使心不被物所拘。第三是「棄五蓋」（貪欲蓋、瞋恚蓋、睡眠蓋、掉悔蓋、疑蓋），這是在去除日常生活中的煩惱。第四是「調五事」，調和飲食、睡眠、呼吸，以便保持健全的身心。第五是「行五法」，是為了確立追求菩提的意志所作的督促精進的規定。如果依循這種生活方式，那麼整個身心行為就完全投入菩提的追求了。

（二）一切法的觀察——十境

為了究盡諸法實相，智顗大師將「諸法」分類為「十境」，明確的指出「行」的修習方向。此十境為「陰入界境、煩惱境、病患境、業相境、魔事境、禪定境、諸見境、增上慢境、二乘境、菩薩境」，其中以陰入界境為所觀境，以止觀方法來觀察諸法就能清楚的究盡其實相，其餘的九境是將眾生現有被煩惱支配的心依據其特徵整理出來，當我們深入觀察陰入界境遇到止觀不調時，才要觀察其他九境，亦即陰入界境的後九境並不是要時常觀察的。

（三）觀心的方法

1. 四種三昧

智顗大師對於正修行的方法，規定為四種三昧、一心三觀。四種三昧是在修行時，對身體的掌握，也就是行的外在形式的規定，當然它也有對內心的把握方法，但重點還是在外在形式，其內容為常坐三昧、常行三昧、半行半坐三昧、非行非坐三昧。

常坐三昧：即以九十日為一期，專心稱念一佛名號，顯發實相之行法。

常行三昧：也是以九十日為一期，身常旋行繞佛，口念阿彌陀佛、心亦常想阿彌陀佛，而於定中見十方諸佛顯現於行者之前的行法。

半行半坐三昧：依據《大方等陀羅尼經》、《法華經》而修的三昧，前者稱方等三昧，後者稱法華三昧，皆以七日為一期，持咒、思惟、觀實相，反覆之行法。

非行非坐三昧：於一切時中、一切事上，隨意用觀，不拘期限，念起即覺，意起即修三昧之行法。

此四種三昧都以法界、中道實相為緣，最終目的都是要達到凡聖等齊、同一法身的平等境界。

2.十乘觀法——一心三觀的實踐

十乘觀法的內容為「觀不思議境、起慈悲心、巧安止觀、破法遍、識通塞、修道品、助道對治、知次位、能安忍、無法愛」。

十乘觀法以「觀不思議境」為主體，同時又以「陰入界境」為中心。所謂陰入界境，其實即以觀「一念三千」不思議境為主旨的觀心，而不思議境則是對「一心三觀、一念三千」學說的如實修行，從中領悟「十如是」中道實相。依此觀不思議境之觀法實踐，將十乘觀法用於日常現實之五陰境上，自我體悟一念三千之妙理，同時也為利益一切眾生而發菩提心。這是智顗大師強調止觀門之妙理，具現實利益之特色。

結語

智顗大師晚年所教示圓頓止觀的《摩訶止觀》來看，不僅組織細密宏偉、思想圓熟，在智顗大師諸多講說中可謂獨樹一格，是為天台圓教法門的不朽之作。其內容所說的二十五方便、十境、十乘觀法乃集佛教止觀之大成、開創天台圓教之禪法，無怪乎灌頂在《摩訶止觀》之前言，謂「止觀明靜，前代未聞」，極其讚歎躍然紙上。

《摩訶止觀》緣起　付法傳承

天台思想是由天台宗智顗大師（五三八—五九七）所開創出來的。

天台宗雖是佛教的一大學派，但在智顗大師的時候，並沒有傳承的依據，然在作為其學派傳承的弟子們，這卻是一樁大事，因此，天台門下的灌頂（五六一—六三二），在他為智顗大師筆錄《摩訶止觀》的開頭序言即提起了天台學派的傳承源流有金口相承、今師相承兩種。

金口相承是安立今師相承的前提，旨在說明天台教義皆出龍樹菩薩等諸師。而今師相承即以天台宗立祖為依據，旨在說明正統教祖為慧文、慧思及智顗。

金口相承：是依據《付法藏因緣傳》記載，從釋迦世尊付法給迦葉為初祖，經阿難陀、商那和修、優婆毱多、提迦多、彌遮迦、佛陀難提、佛陀密多、脅比丘、富那奢、馬鳴、毗羅比丘、龍樹、迦那提婆、羅睺羅多、僧佉難提、僧佉耶舍、鳩摩羅陀、闍夜那、婆修槃陀、摩奴羅、鶴勒夜那、師子比丘等共二十三代祖師。

其中，第十三祖龍樹明示是天台的高祖，且追溯其淵源是釋迦世尊，但此傳承與智顗大師之間的關係尚不夠明確。

今師相承：以龍樹為其高祖，依次是北齊慧文、南嶽慧思，而到智顗大師，共為四人。

在禪法的基礎上，慧文、慧思、智顗乃是一線相承的。慧文禪師是依龍樹菩薩的《大智度論》作為修禪的根據，南嶽慧思則曾於北齊慧文禪師處稟受禪法，智顗大師是南嶽慧思的門人，所以，今師相承的說法的確是可信的。

灌頂撰《摩訶止觀》序篇時，智顗大師已去世，天台宗日漸式微，已沒有當年的盛況，天台宗的門徒極力主張金口相承、今師相承這兩種承襲系統，無非在說明天台宗與三論宗都是承襲自龍樹菩薩的中觀學派思想，並藉此維護天台教學的權威持續不變，其用心良苦自不難想像。

三種止觀

天台智者從慧思處學到三種止觀，這三種止觀都是能通達實相，所以皆以「止觀」命名。「漸次止觀」由淺入深，「不定止觀」淺深不定，「圓頓止觀」則前後皆圓融圓滿，有如以神通力置身於空中。智顗大師為不同根機的行人，故說有三種止觀。

一、漸次止觀

漸次止觀雖然由淺到深，但最初的階段對於實相是很難體會的，修行的開始即是思念、分別實相，但因極難理解，所以必須由淺入深。

首先應該皈依三寶、受持五戒以消除三惡道的業，趨向三善道。其次修四禪、四無色定以去除欲界的煩惱，進而再修學無漏的禪法以脫離三界的牢獄，證得涅槃解脫的境界！但涅槃的境界只能自利，所以必須實踐利他的菩薩道才能究竟實相，最後修學實相以遠離有無的二邊執，進入寂滅常住的真理中。

所以，修學漸次止觀的次第為：1.修學三歸、五戒達三善道。2.修習禪定達色界、無色界定道。3.修無漏禪達涅槃道。4.修慈悲通達菩薩道。5.修證實相達常住道。

二、不定止觀

不定止觀在修持過程中，不分前後、頓漸、深淺、事理及階位，可依行人修持的根機、心境、層次而證入實相，在修持中，可依世間的真理而證入聖義諦，也可以於第一義諦中，轉修成就為人悉檀、對治悉檀，也可以隨時應用止觀前後互修。

不定止觀與之前的止觀又有何不同？之前的漸次止觀含三種善道、三種惡道以及禪定、無漏、慈悲共九項不同，而不定止觀除了包含前九項的層次外，尚有四種悉檀能自由轉修成就，故與之不同。

三、圓頓止觀

圓頓止觀是以實相為修持，觀察的對象是中道。修持中，心繫法界而與法界融成一體是其目標，若能實現，則法界所見「一色一香，無非中道」。所謂實相是說明世間的一切皆是因緣生、因緣滅，沒有自性，既無自性故空無所有，吾人存在的構成要素，五陰、十二入也是如此。

五陰、十二入皆是真實（空），所以無苦可捨。無明塵勞即是菩提，故無集（煩惱）可斷。既然世間諸法皆是因緣無自性，連邊見、邪見也是中正，故無道可修。生死的實相即是涅槃，故無所謂滅道可證。沒有苦、集，就沒有世間的存在；沒有道、滅，就不會有出世間。世間、出世間就是純一實相的境界，而法性清淨靜寂就是「止」，靜寂當中能如實照出一切，稱為「觀」，雖說止與觀有一前一後，但實際上修止與觀是無二無別，是名「圓頓止觀」。

以上所說三種止觀即是天台宗一貫的實踐觀法。

圓頓止觀的輪廓

總說智顗大師的實踐法門後，以下引用《華嚴經》的經文說明《摩訶止觀》主題「圓頓止觀」的意義。

《華嚴經・賢首菩薩品》：「菩薩於生死最初發心……窮劫不盡。」亦即賢首菩薩聞圓法、起圓信、立圓行、住圓位、以圓滿的功德力來引導眾生。各項意義說明如下：

一、圓法

何謂圓法？生死的實相即是法身，煩惱的實相即是般若，因此導向煩惱行為本身的實相就是解脫。但從圓法的內容來看，「生死與法身、煩惱與智慧、煩惱之行與解脫」雖有三種不同的名稱，但其體性是相同的。這是如何成立的？用常識的角度看，上述都是對立的關係，很難理解它們是相即的，雖然如此，對立的關係能以「一體」

立場看的原因是居於一切萬法都是「沒有實體、無有自性」方面來論說的。

法身、般若、解脫三者，雖事相上各有其名，但都是因緣無自性的。所以，窮竟法身時，即能究竟智慧與解脫，圓滿智慧時，其他兩者也跟著圓滿，「聞一切法」也是如此，一切萬法皆無實體，內祕真實，具足佛法，此即「聞圓法」。

二、圓信

何謂圓信？信一切法，即空、即假、即中，且這三者並非個別的關係。「空」是指一切事物都無實體，「假」是指雖然沒有實體，但我們六根接觸外境，所認識的對象並非「空無」的存在，「非有」的東西而現在存在著，所以是「假合」的存在。但「空」與「假」的現象是同一個存在、同一個地點、同一個時間，不是個別的主張，兩種方式本來就是統一（一體兩面）的存在，此即「中」。

根據「中」與前兩種「空」、「假」的關係無法隔離，因而一切法的實相就是即空即假即中，能相信這樣的真理即是「圓信」。

三、圓行

何謂圓行？行人一心專求無上菩提，並以即空、即假、即中的理念觀察世間的實相，所謂「一行即一切行」即是圓行。如菩薩行布施時，心中沒有布施的人、布施的物、布施的心，達到三輪體空，即是行圓行。

四、圓位

何謂圓位？即以開悟為目標而登上五十二階的成佛位。圓位中，只是初顯三諦、三德，進入初住位而已，進入初住位後能具足一切位，如阿字門能具足一切諸功德，進入初住位後即能到達一切階位，亦即開悟。初住位已得究竟，任何對立皆不存在的畢竟清淨，故一切自在。天台稱這種階位論為「初住成佛說」，因此二住以後，所有階位只是比初住所得的悟更確實罷了。

五、圓自在莊嚴

何謂圓自在莊嚴的境界？即是以一心三諦為所莊嚴，一心三觀為能莊嚴，也就是以一心（空假中）三觀的修持來圓融空、假、中三諦。菩薩進入此位時，外用自在，故稱莊嚴，菩薩對外在的「根、塵」能自在的「進入、出去、雙入出、不入出」，是名自在。

這四種情形代表什麼意義？從湛然的註解可以知道「入」代表空，「出」代表假，「入出」與「不入出」代表不偏於兩邊，也就是中觀。因此，應用的六根接觸六塵境時，皆以空、假、中的理念觀察才是正確的修行方法，也才能夠圓滿自在。

若以日光照射來比喻，根據太陽照射的角度不同，可分為「清晨、早上、傍晚、午夜」等四種，但這四種時段是因太陽照射的角度不同而產生，並非真有四個固定不變的情況，因此由於太陽的位置不同，本來是早上的天氣會依序變成中午、傍晚、夜晚，而這些變化都是自然的流轉。

菩薩的自在也與此相同，克服所有極端的觀念後就能自在，因此，所謂的圓自在就是觀察三諦，從所有束縛中解脫出來的意思。

六、圓建立眾生

何謂圓建立眾生？菩薩廣設方便法門，或示現、放光，只為了使眾生了解即空、即假、即中的道理，令他們得到利益。換句話說，即是令眾生能「入空、出假、不入空假」證入實相。這些都是日常生活中可以時時刻刻觀照、應用的，能時時以這種道理觀照心念的人就能體會法益，不觀照心念的人就完全無法了知。譬如龍王雖然在本宮，但能豎遍六天，橫遍四洲，興雲雨、耀雷電，施設種種不同。菩薩也是通達三諦而不損法性，令眾生能領悟此理，得種種利益、獲種種應用，是名圓建立眾生。

在〈賢首菩薩偈〉中說，初發心住階位的菩薩發心深廣難測，此後的階位即更深一層的體會實相，從等覺位到究竟位則極盡十全，故如來對眾生懇切的說圓教實相之法。解讀經典中，可發現許多不惜生命求法的例子，如常啼東請、善財南求、藥王燒手、普明刎頭菩薩等，求法的態度無論如何強烈還是永遠不夠的，例如《金剛般若經》說：一日三捨恆河沙身，尚不能報一句之力。《法華經義》也說：兩肩荷負百千萬劫，寧報佛法之恩。故行人非精進不可，方能斷惑得解脫。越深入修習圓頓止觀，越得體證此修習獎勵。

《摩訶止觀》章節大意

《摩訶止觀》以十章展開論述，但「十」這數字並不是為了論述方便，而是因為它是很好的數字。

佛法究竟的真理本是寂滅、離一切相，但從事相上說，因有因緣故，以十章來分別說明，故皆是生起，但個別來看的話，前章是「生」，後章是「起」。第一章是「大意」，無始以來，眾生被煩惱所覆蓋，不知無明本身就是開悟的關鍵，說明這種究竟之理即是大意章。若知道無明的體性是空，即是開悟解脫，就能到達「寂靜不動」的境界，但因眾生不明白這種道理，所以才構想出止觀的體系讓眾生依次修習，達到解脫寂滅的境界。

第二章「釋名」指出止觀一般性實踐方法。第三章「體相」是針對諸法的觀察而說明止觀的實踐性格，但是根據智顗大師的看法，止觀能攝一切法，故有第四章「攝法」，雖然攝一切法，但法有權實、大小之別，不能不探究，故有第五章「偏圓」，確認止觀之法後，為了究竟諸法實相，最初的第一步便是遵守方便行，故有第六章「方便」，其次進入止觀的核心，即第七章的「正修行」，修行的結果便是獲得殊勝的果報，故有第八章「果報」，接著有能力引導眾生修行，故又有第九章「起教」。

以上這些皆是有因緣才說，但嚴格說來，法是超越言說的，因此諸法的究竟相是言語道斷、心行處滅，一切寂靜，故有第十章「止歸」。

雖然有以上十章，但《摩訶止觀》實際上論述的只有前七章而已。

第一大意章分為五項：發大心、修大行、感大果、裂大網、歸大處。

什麼是發大心？眾生不自覺真理實相而執著五欲六塵、昏迷顛倒，所以要勸他發大心，上求佛道、下化眾生。

什麼是修大行？讓眾生修持四種三昧以進入解脫寂靜的寶所。

什麼是感大果？能修大行，自然就能開發智慧獲得大果報。

什麼是裂大網？經論的道理本來是為了去除心中的烏雲，開人眼目，但有時了解其中的道理之後，反而拘泥於文字，以為只有一經一論才是正確的，而懷疑其他經論為非。就好像聽說牛乳像雪一樣就以為牛乳跟雪一樣是冷的，所以要使眾生廣泛理解經論，去除拘泥的態度，知道真實，故破除眾生執著的心猶如裂開大網一般，是名裂大網。

什麼是歸大處？以開悟為目標而修行與利他之後，所達到的究竟境界，它是無始無終、無通無塞，正確的了知真如法性，享受自在無礙的境界。

以上乃是第一大意章的略述。

第一章◆大意

無始以來，
眾生被煩惱所覆蓋，
不知無明本身就是開悟的關鍵，
說明這種究竟之理即是大意章。

發大心

十種濁心

發大心乃是發慈悲心，是佛道修行的出發點，是真正發菩提心之所在。

《摩訶止觀》中詳細說明發菩提心的各種相貌，以下從語言的立場、是與非的揀擇說明菩提心，並且以四種四諦、十二因緣、三諦偈、四弘誓願、六即說與菩提心的關係詳細敘述感應道交的菩提心。

一、發心的譯語

首先從語言的角度來看，「菩提」梵語Bodhi-citta，全稱譯為阿耨多羅三藐三菩提心，菩提是梵語Bodhi的音譯，漢譯為「道」，質多是citta的音譯，漢譯為「心」，意思為「慮知心」。

發心的翻譯在佛教經典中，有「發菩提心、發無上心、發無上道心、發真正菩提心、發道心」等，菩提心為一切諸佛之種子，大乘菩薩最初必須發起大心才能趨向佛道，此大心即稱為發菩提心、發心或發意。

二、十種濁心

發菩提心是發上求佛道、下化眾生的心。世間所有眾生雖具有發菩提心的可能性，但卻常起邪心，受其驅使而活著。邪心好像又長又遠的路，極難通達，因此將它分為十類：

（一）地獄心：是因貪瞋癡的執著，所起的心，亦即三毒之心任運而起上品十惡，如五扇提羅懶惰懈怠、貪求供養，其極惡的心即地獄心。

（二）畜生心：如同海呑眾流或火燃薪一般，起了激烈的嫉妒心，正如提婆達多嫉妒釋迦牟尼佛一般，此即畜生心。

（三）餓鬼心：希望名聞四方、受人稱讚，但內心全無道德卻奢求與賢聖並齊，此即餓鬼心。

（四）阿修羅心：輕蔑他人的心，希望常勝他人，不耐屈居人下，如同鳥一般高飛下視，只遵從仁義禮智、相信小善，此即阿修羅心。

（五）人心：欣求世間樂，安於這個不完美的身體，滿足愚癡的欲望，這種中等程度的善心即人心。

（六）天界的心：天人知道三惡道多苦、人間苦樂參半，天界純為享樂卻不會一心追求或執著天樂，此即天界的心。

（七）摩羅的心：不論任何事皆希望完全依照自己的意思來做，這種心與支配欲界的大魔王的心相同，雖有惡行，此即摩羅心。

（八）外道心：希望睿智聰明、才幹多又勇健，使所有眾生都承認、仰望他，這種只希望世智辯聰的心即外道心。

（九）梵心：被外境纏著的心已經止息，正如從石頭中湧出泉水一樣把內在的欲望斷絕，此心與前述的心相比，就克服欲心這一點而言，其程度很深，非同類可比擬，但這種心仍被認為是在欲界、色界、無色界等三界的迷界當中，決不是開悟的心，也就不是大乘的心或菩提心。

（十）無漏心：二乘心是已沒有煩惱、徹底去惡的無漏心，凡夫認為大致上克服煩惱之後的狀態是善的，所以沉溺其中，因此又再度沉溺於執著的惡當中。一般所謂的賢聖即是徹底去除這種狀態，由淨戒而得淨禪（根本四禪），由淨禪而得淨慧，努力去惡而生起無漏心，此即停留在二乘心，這並不是菩提心的真義。

這些為何不能稱為菩提心？菩提道的非心為何如此多？若詳細列舉當然不只十種，此處只顯示十種，它並非單獨生起，若有一個生起，其他九種心也全部包含在內，把它當作十種列出，是因為選擇心中最強烈的心念，加以整理出來而已。

三、非心（濁心）的類別

眾生既有菩提心也有邪心，或兩種心混合生起，如同象、魚、風會把池水弄濁，象從外把水弄濁，魚從內把水弄濁，風則從內外同時把池水弄濁。以此比喻心的話，象即指邪心受外境的觸發而生起，魚則指內觀極微弱，因此須要空、假二觀自內生起，風即指從內外兩方面混合生起。

再看剛才的十心，前九種很清楚的是迷惑的心，如蠶作繭自縛，最後一種是被涅槃所繫的心，如鹿一般獨自跳出，不考慮廣大眾生的利益，只發願自己一人開悟，因此不能說是具足佛法。前九種是無法出離迷惑的心，最後一種雖能出離卻無大悲心，用「有為、無為、有漏、無漏、善、惡、染、淨、縛、脫、真、俗」等種種法門來檢視，結果亦同：

（一）前九種心指現實世界是苦的，最後的心雖超越苦，但卻不能超越小乘的心。

（二）有為、有漏是苦的原因，亦即煩惱，前九種為煩惱心，最後一種與煩惱無緣。

感應道交的菩提心

眾生的菩提心是自發的，還是從他教而發？正確的說，自發、他發、共發、非共發，四種皆非。所謂的發心是從佛的立場發救度眾生、與相應的眾生意志合而為一而成立的，故稱為菩提心，這種關係又稱為「感應道交」。

如同子女墮入水中、火中，父母對周圍的事一概不理，一心只想救出小孩一般。《涅槃經》說父母的慈悲心於病子身上投注更多，慈悲心能令不可能移動的法性山也移動，亦能進入迷惑的眾生中，菩薩若集中慈悲的力量就能治療眾生的罪業。

這種感應道交的例子在經典中俯拾皆是，禪觀經典中，佛以四隨方式為眾生說法，隨樂欲、隨便宜、隨對治、隨第一義而令眾生善根成熟，聽聞佛說法後即能悟道。《大智度論》也有四悉檀：一、依照世間的想法、眾生的欲望來說法，名「世界悉檀」。二、按照眾生資質的深淺來說法，名「為人悉檀」。三、依眾生的病不同，而說不同的對治法門，名「對治悉檀」。四、說明佛法的真實義，名「第一義悉檀」。這四種悉檀與四隨之說相同，也是佛陀應機說法，眾生因此能有所感應。

再看《智論》提到經典的說法因緣（五復次），也與四隨、四悉檀相同之處，其內容為：一、說明菩薩的種種行持。二、念菩薩，增益念佛三昧。三、顯示證得菩薩行的情況。四、拔除弟子的邪心。五、說《般若波羅蜜經》的真實義。此處更可看出佛陀應機說法的特色。

但《摩訶止觀》的五因緣也就是概要裡所說的五略，也是與四隨、四悉檀、五復次相連繫，以感應道交的思考方式為基礎而說的，若不考慮聽經者的根器，只會讓聽經者增加苦惱，並不能使他獲得利益，佛陀的大悲是由淺而深慢慢擴展，如《大智度論》所說，真實的法、講者與聽者，此三者無法完全配合的情形也是有的。

因此根據眾生根機來說法才是中道，煩惱並非局限於有邊或無邊，實相也是超越難易、有無的極端，超越有無兩邊的諸法才是真實，如此的說者與聽者才是真的說與聽。四悉檀的前三者是根據「有」而設，第一義悉檀則超越有、無，根據眾生根機來說法才能顯示佛法的根本，此即感應道交之義。

以上所說的四隨、四悉檀、五緣，其實名異意同。四隨是佛陀以大悲心來接引眾生，四悉檀是佛陀以哀愍的悲心來施予法樂，其原則：1.眾生以追求菩提的強烈心為因，佛陀的應答心為緣。2.佛陀對眾生教化的心為因，與其相應的眾生心為緣。故菩提心亦是建立在感應道交的基礎上。

若深入觀察，四隨與四悉檀是相呼應的，如「隨樂欲」是針對發菩提心的眾生而說的，「世界悉檀」是將所得知的真理予以教說。因此前者是菩提道形成的原因，後者是其結果的教示，兩者共同完成菩提道。「隨便宜」是教導眾生所欣求的究竟之法，「為人悉檀」是針對眾生不同根性給予不同的教化，因此兩者並非對立，眾生有欣求菩提的心，故佛陀說法界法性，相對的，由於佛陀說了法界法性，因此眾生才能發起大心。

其次，眾生有修大行（四種三昧）的能力，因此佛陀能夠說「不思議行」，相對的，以佛陀說了「不思議行」為緣，故眾生能修大行，這種關係是顯示於四隨的「隨便宜」及四悉檀的「為人悉檀」。

再者，眾生有證入一切種智的可能性，故佛陀為眾生說煩惱的對治方式，此即四隨的「隨對治」、四悉檀的「對治悉檀」。又眾生具有佛陀智眼的能力，故能獲得究竟的境地，相對的，佛陀為了使眾生具備智眼，故說究竟之法，此即「隨義」及「第一義悉檀」，由此證明四隨與四悉檀的意趣是相同的。

五略[1]與五復次[2]也是如此，前者以菩提心作為行的根本，後者則說明種種行的重要性，在內容上都是導引眾生趨向究竟之解脫地，並非本質上有所不同。因此，總說佛陀的教法就是三種止觀，也就是包括了四悉檀與五略，但「止」是止息邪僻的心，「觀」是發（菩提）心的實現，因此前述的五略、五復次、四隨、四悉檀的基本即是止觀。

以上所說即是發大心中「感應道交的菩提心」之內容。

【註】

1　五略：發大心、修大行、感大果、裂大網、歸大處。

2　五復次：(1)說明菩薩的種種行持。(2)念菩薩，增益念佛三昧。(3)顯示證得菩薩行的情況。(4)拔除弟子的邪心。(5)說《般若波羅蜜經》的真實義。

菩提心與四種四諦

菩提心的正確行相是以「四諦、四弘誓願、六即」詮釋。首先，用四諦說明菩提心，智顗大師認為脫離昏迷顛倒的方法即是跟眾生現實生活相關的苦、集、滅、道四種四諦，他結合《涅槃經・聖行品》及《勝鬘經》，再加以整理成「生滅、無生滅、無量、無作」四種四諦。

一、生滅四諦的發心

若單就四諦而言，以煩惱為因而生起充滿苦的現實世界，這種真理稱為「苦」與「集」，以正確的實踐為因而滅除苦的教法，這種真理稱為「道」與「滅」。

苦、苦的原因、苦的滅除、因滅除苦而實現的境地，這四種都是在現實中生起、滅除，因此站在生滅四諦的立場，苦諦、集諦都是現實中存在的，因此滅諦、道諦也

是作為事實而能實現的境地。

生滅四諦於《大本四教義》卷七指出，這是藏教菩薩所發的菩提心。如釋迦牟尼佛過去世曾為陶師，值遇當時的釋迦牟尼佛，供養彼佛，並於佛前發大菩提心，作誓願言：願我未來世成佛，佛號也叫釋迦牟尼，有智慧的弟子名舍利弗、神通弟子名目犍連、多聞侍者名阿難，讓一切眾生歡喜得度。這是釋迦牟尼佛最初發的菩提心、慈悲心。

三藏教的慈悲、四弘誓願皆是由生滅四諦所生起的，所謂慈悲心：大慈心，教給眾生能離苦得樂的道諦、滅諦；大悲心，教導眾生了解痛苦、煩惱的苦諦、集諦之真相。

《摩訶止觀》簡潔說明生滅四諦中，苦與集是世間的因果，滅與道是出世間的因果。苦諦乃生、異、滅的遷移所產生的，集諦的煩惱乃出於貪瞋癡慢四心流動所造成的，能對治世間諸苦的方法就是道諦，滅除一切煩惱回歸沒有煩惱的現象即是滅諦。

生滅四諦是藏教所說的法門，其觀法為析空觀，所說的四諦因果是從生滅現象來說的。

二、無生四諦的發心

無生四諦是通教行人所發的菩提心，《維摩經玄義》卷二提到通教的發心：「三乘行人，正知三界如火宅，世間一切都是因緣所生，空無所有，故能覺悟生死真相，志求涅槃。」

這是站在空的立場解釋四諦，若一切法皆是空，就沒有任何東西可以作為「苦」來把握、理解了，產生苦的原因的煩惱也是因緣無自性空，因此也沒有真實的存在，若一切法皆空，也就沒有對治的必要，更沒有滅除煩惱的悟境了，若一切皆空，自然就能轉入悟的境地，這種理解方式即是無生四諦的立場。

三、無量四諦的發心

無量四諦是將苦、集、滅、道四諦的無量相就其不同的性質來解釋四諦。就苦而言，苦絕對不是單一的東西，而是有無量的相狀，我們生存的世界包含了十法界，每一世界當中有各種不同的苦，例如：地獄中就有許多不同地獄而有不同的苦相，故苦是無量的，其他世界也是如此，因為無量的世界中有種種無量的苦，故說苦是無量的，因此推知集也是無量的。

就道諦而言，用分析的方法理解、滅除煩惱，稱為析法觀；一時之間將全體煩惱捕捉盡淨的對治方法，稱為體法觀。既有笨拙的方法也有巧妙的方法，既有迂迴而進也有直線的導入，有長時間趨入（漸）也有立刻導入悟境（頓），既有權巧方便說的教法也有真實法的示現，這就是無量道諦。

依滅諦來說，雖然滅除煩惱即能進入涅槃，但涅槃亦有許多種。有的把見惑（觀念的迷惑）、思惑（感覺、肉體的迷惑）完全去除，稱為涅槃；有的把當下體會空性的道理稱為涅槃；有的用分析的方法將貪瞋癡慢克服稱為涅槃，也有一時之間即能對治所有煩惱而稱涅槃，既有滅除塵沙惑的涅槃也有滅除無明的涅槃，若從四悉檀的立場來看涅槃，四種方法都可達到涅槃，以上即是無量四諦的教法。

四、無作四諦的發心

無作四諦即一切法若窮盡至究竟則無一不是實相，這是無作四諦的基本態度。作為苦的原因的煩惱決不是非斷不可，而是從苦中體會苦的實相，不以苦為苦即能通達實相，集、道、滅諦的意涵也是如此。就苦諦而言，涅槃即生死，涅槃是生死；集諦，菩提即煩惱，菩提是煩惱；道諦，煩惱即菩提；滅諦，生死即是涅槃。

依智顗大師的看法，四種四諦並不只是菩提心的內容，而且也是實相觀的內容，菩提心的層次深淺也是反映對實相深淺的把握。

接著說明四土與四諦的關係。眾生是因實踐的不同而生於業力相應的世界，亦即由於根機不同，所遵循的教導也不同，因此生於性格不同的世界中，所謂：凡聖同居土、方便有餘土、實報莊嚴土、常寂光土。

凡聖同居土是凡聖同住的世界；方便有餘土是了解一切皆空，斷除見思二惑所生的世界；實報莊嚴土是了解真實的法為中道，努力對治最後的無明煩惱所生的世界；常寂光土是真實絕對清淨、解脫的世界。

把這四種世界與眾生連結在一起，即是四種四諦。導向凡聖同居土的教法為生滅、無生、無量、無作四諦；導向方便有餘土的教法為無生、無量、無作四諦；導向實報莊嚴土的教法為無量、無作四諦；導向常寂光土的教法為無作四諦。

但更嚴密的深入四種四諦與四種世界的關係，則凡聖同居土只限生滅四諦，方便有餘土只限無生四諦，實報莊嚴土只限無量四諦，常寂光土只限無作四諦。因眾生的主體是根據對四諦的了解而決定的，亦即根據菩提心的內容次第而決定行者自身的應有業報。

其次對照四諦與十二因緣的關係來看菩提心，四諦與十二因緣在內容上並無不同，兩者唯一不同是在前者以總括的性質來教導，後者則針對個別的問題來教導。具體的說，四諦當中的苦諦在十二因緣裡相當於「識、名色、六入、觸、受、生、老死」，集諦相當於「無明、行、愛、取、有」，道諦則是因緣觀，滅諦為無明至老死等十二支的滅除。

以上是把四諦用十二因緣的方式表達，也因此在《涅槃經》裡將其分為四種四諦與四種十二因緣。

但因為四諦與十二因緣是同一件事，四諦的四種觀察方法是由實踐者自身來決定，因而因緣觀的觀察方法也依照眾生的智慧不同而有四種不同，分為下智觀、中智觀、上智觀、與上上智觀，構成了各自所見不同的菩提境界。

亦即下智觀看不到佛性，因此是聲聞菩提；中智觀也看不到佛性，故為緣覺菩提；上智觀為了窮盡佛性而得菩薩菩提；最後的上上智觀，能將佛性開發盡淨，故為佛菩提。

《摩訶止觀》中論發菩提心，已從四種四諦配合四土、十二因緣來說明彼此的關係，今再以〈三諦偈〉來論說。

《中論》第二十四章〈觀四諦品〉第十八偈「因緣所生法，我說即是空，亦名為假名，亦是中道義」與四種四諦的對應關係即為「生滅、無生、無量、無作」，智顗大師這種獨特解釋的原因應是他注意到偈頌中有「因緣、空、假名、中道」的字眼。

「因緣所生法」是指存在實際世界的一切是由於因緣和合而產生的生滅諸法，故相當於生滅四諦。「我說即是空」是指這些實際存在的世界都會生滅變化不定，沒有自性，故法法皆空，故為無生四諦。「亦名為假名」是指世間諸法顯現出無量無邊不同的相貌，故為無量四諦。「亦名中道義」是指一切諸法雖是因緣假合而成，無有自性，但各各諸法都有其作用與價值，故都是實相中道，是為無作四諦。

此偈也能用下列方式解釋，「因緣所生法」的因緣是指苦的原因，也就是煩惱，相當於集諦，「所生」是指由煩惱而成立的一切事物都是苦的，相當於苦諦。

但顯示滅苦方法的道諦則有：分析方式來理解一切都是空無的析法空、當下體會事物都是因緣假合與變化不定的體法空、觀察雖是假合的現象的應用價值、觀察事物本身即會變化但又能成就的中道等四種方法，故與四種四諦對應，因此涅槃也分：有餘依[1]、無餘依[2]、無住處[3]、自性清淨涅槃[4]四種，又「因緣」相當於十二因緣的「無明」，「所生法」相當於「行、名色、六入」，因而此偈廣為論述即是四種四諦，詳細論述即是四種十二因緣。

故，以四種四諦論述菩提心可以從以上多種角度來解說。

【註】

1 有餘依涅槃：煩惱障雖滅，然尚餘欲界五陰之身而為所依，故稱有餘依涅槃。

2 無餘依涅槃：即煩惱斷盡，所餘五陰之身亦滅，失去一切有為法之所依，自然歸於滅盡，眾苦永寂。

3 無住處涅槃：斷所知障所顯現之真理。即斷智之障，則得生死涅槃無差別之深智，於二者無有欣厭，不住生死亦不住涅槃，唯常與大智大悲相輔，窮未來際利樂有情，然雖起悲智二用而體性恆寂。

4 自性清淨涅槃：謂一切法之實性即為真如之理。一切諸法雖為客塵煩惱所覆障，然本來自性清淨，具有無量微妙功德，無生無滅，湛然如虛空，一切有情皆平等共有，與一切法不一不異，又離一切相而無有分別，且言語、思慮皆泯絕，唯聖者始能自內證之。

發心的形式

發心是何因緣而成立的？智顗大師在《摩訶止觀》舉出各種經典所說的發菩提心，約有十種：一、因推究義理內容而發菩提心。二、因看見佛的種種莊嚴相而發菩提心。三、看見種種神通異象而發菩提心。四、聽聞種種法義而發菩提心。五、曾生於種種世界，因許多體驗而發菩提心。六、見種種威儀的僧眾而發菩提心。七、見到各種修行法門而發菩提心。八、見世間種種生滅現象而發菩提心。九、見種種罪惡過失而發菩提心。十、見他人受種種苦難而發菩提心。以下介紹主要的四種：推理發菩提心、觀佛相好發菩提心、見佛神變發菩提心、聞法發菩提心。

一、推理的發心

首先是推究義理而發心，所謂的理包括「生滅、無生、無量、無作」四種真理，對於理的把握方式不同，所發的菩提心也因之有異。

（一）就生滅四諦而言：真理自身是存在、徹底的超越，也就是真理實相與煩惱的原因、苦的現象、求道的方法完全無關，例如：月亮雖被烏雲所覆，月亮仍然是月亮，一點也不會被烏雲所妨礙。為了滅除煩惱而作的種種努力對真理而言，它一點改變也沒有，就是此處所說的真理。像這樣把真理與煩惱（迷惑）完全隔絕，以這種對立關係來滅除煩惱，方能見到真理的態度，即是生滅四諦。也即是「煩惱中沒有菩提，菩提中沒有煩惱」，是名推理生滅四諦所發的菩提心。

智顗大師並不是把佛陀的教法全部視為同一種，而是把它整理分為四類，也就是化法四教：藏、通、別、圓，這是教法內容深淺的指標，生滅四諦的發心即相當於藏教，是最初的發心。

（二）其次推究無生四諦的發心：對法性一再探求的結果，就會發現因煩惱而產生的苦與煩惱本身並非相異，眾生所嘗到的苦及煩惱都是因為迷於法性而生起的，這兩者有如水與冰一樣，兩者根本上是一樣的，冰是水結凍的結果，水是冰融化的結果，兩者的本質是相同的。

眾生的苦、煩惱與法性就如同水與冰的關係，苦與煩惱皆無實體，也就是空，意即這兩者可說是同一件事，若能體達兩者皆空就能見到法性，既然苦與煩惱皆空，對治之道與所到達的涅槃境地也就不是實體，如《思益經》所說，「煩惱即是菩提，菩提即是煩惱」，此即推無生四諦理的發心。

（三）就無量四諦而言：這種真理並非凡夫或二乘能夠得知，是一種純粹無垢的絕對存在，但這裡必須把生滅四諦與無量四諦作明顯的區分。

依生滅四諦的立場，認為真理是超越現實的，即是真理是以「有」的角度來理解，此處無量四諦的立場，是超越生滅、無生兩種四諦，也就是超越有無兩邊的淨法來理解。

（四）最後推究無作四諦的立場：它認為真理不能視為超越現象世界以外之物，而是「即」現象界的。就真理而言，所謂的真理是每一個事相上自然顯現出來的，法性與一切諸法都是無二無別，何況是二乘法門！離開世間凡夫的現象要追求真理實相，如同騎牛覓牛一般，世間凡夫現象當下就是真理實相，不須要捨凡求聖，經典上說：「生死即是涅槃，一色一香皆是中道。」是名無作四諦的發心。

就天台教學來說，具體顯示這種真理而且是最中心的教法應該是「空、假、中」三諦。根據三諦說，一切諸法本身應有的狀態也就是空、假、中究竟的狀態，因此把這種狀態視為「有」，從中得知諸法的相貌後，即是正確的把握真理。

因此無作四諦所成立的菩提心，是認為一切法本身即能自然的表現出真實的相狀，而以「空、假、中」的方法正確把握這種真理。

因此，如果能見到凡夫法，也就是現象世界的一切事相即是真實，那麼就能窮盡真理的源頭，能夠超越一切的對立與極端，真正的菩提心是從這種態度中生出來的。

所謂的菩提是通往涅槃的道路，止息所有極端而到達彼岸，此即發心波羅蜜。從淺而深的見到真理，則能正確把握具體的現實世界與貫穿其中的理，所謂推理的發心應指無作四諦而言。

發心的形式，第二種是觀佛相好而發心，此處的內容也是從四種四諦的意涵來了解佛陀。

二、觀佛相好而發心

（一）首先觀佛陀的劣應身相好而發心：假使見到佛陀的父母生身光明亮麗，是世間的工匠師所不能作或是轉輪聖王也望塵莫及的，是世間稀有的，「天上天下無如佛，十方世界亦無比！」因而發願成佛時，擁有世自在王那樣的身相救度眾生，這是最初見到佛陀的劣應身相好而發心。

（二）其次是觀佛陀的勝應身相好而發心：假使見到如來，理解佛陀及其相好皆是空無，見如來相是非相（非固定相）即見如來，因此發願成佛時，與世自在王齊等而廣度眾生，這是見到勝應身的相好而發心。

（三）接著是觀報身佛相好而發心：若見如來身相有如光明清淨的鏡子一般，能映出所有的色相，每一個相好凡聖都不能比，梵天王無法見其頂，連目犍連尊者也無法知其聲音的深遠，因此發願成佛時，與世自在王齊等而廣度眾生，此種發心是見報身佛相好而發心。

（四）最後一種是觀法身佛相好而發心：假使見到如來，知道如來的智慧能深遠通達眾生的罪福相，佛的光明遍照十方，清淨微妙的法身具足三十二種莊嚴相好，每一種相好即是實相，因此發願成佛時，與世自在王齊等而廣度眾生，此種發心是見法身佛相好而發心，此處與「理上的發心」相同，也有淺深的區別。

三、見佛神變而發心

發心的形式，第三種是見佛神變而發心，此處討論對佛陀應用神通變化的四種方式。

（一）如來為了引導眾生，從禪定而起，對個別眾生依序現出神變，所放的光從阿鼻地獄上至有頂天，光明晃耀，遍照整個世界，因此眾生見到如來為了教化所作的鼓舞方式以及所顯現的態度，即是第一種見佛劣應神變而發心。

（二）其次是見如來以無生（空）之理來引導眾生，能令所有眾生都能見佛獨現其前，此處發心的根本思想是認為一切法空，這是見佛勝應神變而發心。

（三）接著是見如來，依如來藏的清淨智慧，不問時間、地點，在一切場合中依於法性之理無休止的教化眾生因而發心，這是見報身佛神變而發心。

（四）最後一種是見教化眾生的如來與教化的工作視為一體，並且作如實的教化，不知何時終止，皆是不可思議、皆是實相而作佛事，因而發起菩提心，這是見法身佛神變而發心。

四、聞法而發心

發心的第四種是聽聞佛法後，依照對佛法的理解而發菩提心。從所聞的法義來說，有生滅、無生、無量、無作四種四諦，此處是預想對四種四諦的了解，非常具體詳說四種不同方式的發心。

（一）聞生滅法

聽聞生滅法有四種不同。聽聞生滅的法以後，同時可以理解到無生、或無量、或無作聖諦的法。

首先，聞生滅法，即世間一切現象諸法，雖然是無盡地的生滅不停，但通往開悟的戒、智慧以及解脫的悟境是不動搖的、真實的，因此「現實」與「真理」的關係即為「永遠不停的流動的現象世界」與「不動搖的真實世界」的差別。

其次，聽聞生滅法以後，也能理解到「苦、集、滅、道」四諦皆空。為了拔除苦所作的修道努力也是因緣無自性空，同樣的，集與滅也是隨因緣生、隨因緣滅的無自性。

第三種是聽聞生滅法以後，認為「生滅」與「不生滅」皆是極端，超出這兩邊極端才是「中道」的真理觀。

第四種是聽聞生滅法以後，並不只是把諸法理解成「生滅」而已，同時也理解成「不生滅」，同時又是「非生滅、非不生滅」。

換句話說，不管諸法是生滅或者不生滅，兩者皆不應執取，同時又能等觀才能完全的把握真實相。若以三諦說（空、假、中）來表達的話，一諦即是三諦，三諦即是一諦，不能只特別重視三諦的任何一諦，如此，則聽聞生滅法以後即能正確了知法界，把握這深遠的真實相，並且以寂靜不動的態度從一切痛苦中解脫，悟入安樂的境地。

（二）聞無生法

聽聞無生法也有四種發心。

首先，是聽聞無生法以後，站在生滅的立場去理解，亦即滅去煩惱後就能了達真理。

其次是聽聞無生法以後，如文字所說的，了解一切皆因緣無自性生，聲聞、緣覺、菩薩都是對治見思惑而破除對「有」的執著。

第三種是對治見惑、思惑以後，進一步了解到非對治無明不可，以便超出三界，但這種見解只限於菩薩。

最後一種是聽聞無生法後，從一件事便能通達一切事，了解諸法都是不二、相即的關係。

（三）聞無量法

首先是二乘人聽聞無量法以後，修行四諦十六行觀[1]，認為非歷經七賢七聖[2]的階位不可。

其次是，只以自我開悟為目標而努力對治煩惱的二乘，與為了同時引導他人開悟而努力的菩薩。

第三種是為了克服塵沙惑的煩惱，以便正確的影響現實的無量事相，但這也只限於菩薩，菩薩首先對治三界內惱亂眾生的塵沙惑，次是壓伏，乃至破除三界外眾生的塵沙惑以及壓伏最根本的無明惑。

第四種不但要對治塵沙惑、壓伏無明惑，而且還要進一步斷除無明。

（四）聞無作法

首先是，聽聞無作法以後，體會真理是完全否定現實煩惱的世界，也就是滅煩惱而悟真實。其次是，認為真實的法是三乘平等證入的，其真理觀認為一切都是空無，故體得無生法。

接著是，認為真理並非凡夫或二乘能體證，唯有菩薩能證得，這是把真理看成超越一切，唯一絕對的存在。最後一種是，正確理解「無作」的意義，認為真理並非否定現實的事相，而是就事相來把握真理，更詳細的說，就是拋棄人們的作為，亦即執著，而就現實事相的原本情況來看世間則無一不是中道實相的體現。

以上為聽聞四種四諦後，對每一種四諦各以四種了解態度來發心，然而此處不應只視為菩提心的內容，而應視為天台智顗的實相觀，由此才能進一步把握其整體的教學思想。

接著，從〈三諦偈〉來考察發菩提心，以《中論》的〈三諦偈〉來討論菩提心的內容，也就是把握實相的問題。《中論》的〈三諦偈〉：「因緣所生法，我說即是空，亦名為假名，亦是中道義。」也有四種理解方式，因此就有四種菩提心。

首先是，「因緣所生法，我說即是空」意味著由因緣所形成的現象世界都是空性。但此處的空是把一切事物的構成要素加以分析，則一一構成的要素中並沒有真實事物的存在，因此得知「存在的事物只是假名和合，並沒有實在的物體存在（空）」，此即所謂的析空觀。

其次，「亦名為假名」就是諸法現象中的任何一法都無法自己本身單獨存在，全部都是假借許多因緣而成立，所以也是假合，非實在體。

最後，「亦是中道義」此句顧名思義，雖然是指中道，但卻對中道一詞作獨自的解釋，此處的中道是指滅卻、斷常二邊所到達的境界（而非佛性中道），此為生滅四諦的解釋方式。

第二種立場，從空的方面解釋，也就是不用分析的方式，直接徹底了解現象世界自身的形態當下就是空性，這種解釋的根源是由於空性的關係，不管是「假」的立場或「中」的立場都無法成立，只有「空」的解釋能夠確立，此即通教的特徵。

第三種立場，雖然對空、假、中三諦予以平等的解釋，但卻認為這三種相互之間並無關係，更清楚的說，空即是空，亦是假、中；假即是假，亦是空、中；中即是中，亦是空、假。

「亦即」雖然解釋「即空即假即中」，但三者是空、是假、是中，對於每一諦而言，意義仍是完全不同。更具體的說，提到「空即是空」時，所有的事物都沒有實體；提到「假即是空」時，一切事物都只有假名；提到「中即是空」時，一切都不能被限定。而且這三種看法還有淺深的關係，亦即「空即是空」的看法最淺，「中即是空」的看法最深。

從〈三諦偈〉來考察發菩提心的問題，已說明從析空觀（藏教）、空觀（通教），及空、假、中層次（別教）的立場看待菩提心的方式，接著說明空、假、中層次中「假觀」與「中道觀」的內容。

從假觀來說，「三者皆假」，雖然說是假，每一諦也有淺深的關係，再說「三諦皆中」，情形也是如此，亦即「空即是中」時，表示遠離了斷常二見；「假即是中」時，眾生本來就沒有任何差異；「中即是中」時，代表真理的究竟相貌雖說是中，是三諦各有不同的「中」，這也就是所謂的「隔歷三諦」。如上所說，將三諦各別的了解是別教特有的態度。

最後一種解釋是三諦「即空、即假、即中」的形式，顧名思義是站在圓融（圓教）的立場來理解，亦即雖然各別立出「空、假、中」，結果，三仍然是一，一仍然是三，三諦並非彼此隔絕。在表示假或表示中時，最終無非是在顯示空。

這種情形一切諸法皆無例外，這是因為言語不能表示（空）之故。又表示空或中時，無非是在顯示假，這是因為一切諸法都是由名字而表現出來之故。又表示空或假時，無非是在顯示中，這是因為一切諸法的自身皆是表現出真實相之故。

由於上述的理由，因此說一切法是空的時候，同時也是假、中的含意一併具足，因此體悟空的時候，也能夠同時體悟假、中。這種關係在假、中的情形也能成立，亦即一切法站在假的立場來看時，亦同時無非是空、中；站在中的立場來看時，無非是空、是假。

如上所說，以〈三諦偈〉來窮究諸法的實相時，除了「即空、即假、即中」以外，無法以其他方式表示，這種解釋方法是圓教或無作四諦的對應解釋，因此以〈三諦偈〉來看發菩提心時，將一切法作何解釋即是該種發心的理想形態。附帶一提的是，認為一切法的究竟相是「即空、即假、即中」，在天台教學裡面，並不只是形成菩提心的內容也是把握實相的理想形態。

對於法的理解方式，以下就三種止觀及四諦來考察發菩提心的問題。對於法的理解方式來成立菩提心有漸次、不定、圓頓止觀三種型態，漸次止觀是由輕至重，對法性的理解而確立相應的菩提心；不定止觀是對法性的理解有深淺不定，故立不定止觀；圓頓止觀乃對苦集滅道的法性有真實的理解。

若就苦、集而言，三界內的輕度苦與煩惱（集）、重度苦與煩惱及三界外輕度的苦與煩惱、重度苦與煩惱，以上四種苦與煩惱就對法性的把握而言，即分為「界內的即、離」與「界外的即、離」等四種理解方式。

因此就煩惱而言，從對治重的煩惱開始，再依次對治較輕的煩惱，這種方式稱為漸次止觀。若能真實了解苦集滅道的意涵，直接契入「亦即亦離」的實相，即是圓頓止觀。

更詳細的說，不管是三界內或三界外都有愚鈍與利根的眾生，區分這兩種眾生的標準是煩惱的輕與重。三界內眾生的愚鈍者是對真實的迷惑煩惱較重，因此他們的苦與煩惱也較重；另一方面，利根者對真實的迷惑較輕，因此他們的苦與煩惱也較輕。

三界外眾生的愚鈍者對中道的迷惑較深，利根者對中道的迷惑較輕，因此就苦與煩惱而言，前者較重，後者較輕。

然而從眾生對法性的了解方法，特別是根據對法性的推究所成立的發心有「粗細、枝本、通別、遍不遍、難易」等指標，這些指標不管是對三界內的世界或三界外的世界都可適用，以粗細為例，粗指鈍根，細指利根，追求菩提的心正是從粗至細漸次的深入。

但有的人對法性的了解很粗淺卻發出很高的菩提心，有的能深入了解法性卻只能發出很淺的菩提心，就這點來看菩提心的成立，這種形式即是不定止觀的特徵。

綜上所說，經由對法性推究而發出的菩提心即是：一是，由輕而重，逐漸深入了解法性，確立相應的菩提心，此為漸次止觀。其次是，了解苦集滅道本身即是真實，此為圓頓止觀。第三是，對法性理解的深淺與所發的菩提心淺深並沒有相對應的規則，此為不定止觀。

【註】

1 四諦十六行觀：即觀苦諦有無常、苦、空、無我四行相；觀集諦有因、集、生、緣四行相；觀滅諦有滅、靜、妙、離四行相；觀道諦有道、如、行、出四行相。

2 七賢七聖：七賢指五停心觀[3]、總相念處、別相念處[4]等三賢為外凡位，煖、頂、忍、世第一法等四善根為內凡位；七聖為隨信行、隨法行、信解、見得、身證、時解脫、不時解脫等七種聖果，其極果阿羅漢斷盡見思（修）惑。

3　五停心觀：指不淨觀、數息觀、慈悲觀、因緣觀、念佛觀。一般修不淨觀以治貪欲，修數息觀以治散亂，修慈悲觀對治瞋心，修因緣觀對治愚癡，修念佛觀對治多障礙。

4　總相念處與別相念處：以佛法的正見如實觀察身、受、心、法，能淨化諸眾生令息滅憂悲苦惱，得如實法的一乘道。

四弘誓願與四諦

現在從四諦與四弘誓願來看菩提心，首先明四諦與四弘誓願的差別。四諦是應該理解的理，故所發的心也是從解的角度來說；而四弘誓願是誓願的緣故，因此所發的心是願力的形態。又，四諦的理是通於過去、現在、未來三世，故所發的心也與三世諸佛有關；四弘誓願是與未來有關的願心，故只與未來佛有關。

四諦的理是教導人們的生存現象是苦（苦諦），苦的原因是煩惱（集諦），但這個苦與集都根植於人們的六根中，因此依四諦所發的心與六根皆有影響，而四弘誓願是願力，因此其發心只與意業有關。依四弘誓願發心配合四諦，其發心的形式有四種：

一、知生滅而發心

此處指出發起四弘誓願的慈悲心，欲為眾生拔苦與樂的意志全部都是因為因緣而生起，故是無常的，這種理解即是生滅法，從這種立場來看四弘誓願即是從生滅四諦的立場來發心。

二、知無生而發心

眾生因不知一切法皆空，故以被束縛的心生存在痛苦之中，這情形正如看到水中月亮的影子就歡喜，看到月亮影子從水面中消失就產生憂愁一樣，其實從一開始，水中就沒有月亮存在，因此依據四諦的教法，苦、苦的原因（煩惱——集）、通往涅槃的道路（道）和解脫（滅）等一切都是空的，不能當作實體來理解。

為了憐憫眾生的無知，因而誓願教導他們離苦，這種意志即是發菩提心，此即是知無生四諦而發心。

三、知無量而發心

此處是為那些被「諸法皆空」的想法所拘泥的眾生，不能正確的把握現實世界的無量事相，因此不能得知現實世界的對待方法，因而發菩提心誓願救度。例如：單講「此身不淨，心是無常」，只能算是迂迴的體悟真實之相，必須說「不淨的同時也是淨的，無常的同時也是常的」，不能將一切否定淨盡，如此看待諸法才能直接的通往正確的解脫之道。

菩提心是平等的理解「淨與非淨、常與無常、空與不空」，若更強調的說，是「淨、常、不空」，也就是說，現實的無量事相無論如何也不能否定之意，這與無量四諦的發心是相同的，雖然說明不同，內容上是相同的。

天台教學中，認為釋迦佛經常考慮眾生的成熟度而開示眾生悟入佛道，在教法上，具體的說，分為三藏教、通教、別教與圓教，其中三藏教是為未成熟的眾生導入佛法而說的，故為小乘教，內容上是最淺的，其次的通教是為了超越低層次的小乘，導入高層次的大乘教法而說的，因此雖然在說明大乘的教法，內容卻並沒有完全的展開，仍停留在粗淺的層次。

再來是別教，就大乘而言是很好的教法，但它並非為全體眾生而施設，而是僅針對菩薩，是摒除二乘的，就這點而言，別教是有界限的，並不能算是真正的大乘教法，最後的圓教才算是真正的大乘，能夠平等的導引所有眾生進入悟境，可說是完全無欠缺的教法。

四教對於導引眾生方面有各自的實踐過程，首先就藏教而言，是以「三乘中的聲聞斷除見思惑」為課題，其實現的行位稱為七賢七聖。

七賢[1]位僅僅伏住見思惑，故稱為凡位，七聖位[2]則斷盡見思惑，故稱為聖位，其中三藏教的菩薩僅僅制伏見思惑而尚未斷除，因為菩薩若斷盡煩惱，灰身滅智，又能回到三界來修六波羅蜜的話，就與二乘的理論互相矛盾，因此三藏教的菩薩僅是制伏見思二惑而已。

其次，通教的斷惑階位中，三乘皆是同一個行程，因此稱為三乘所共的十地，這是以《大品般若經》的十地[3]來構想，其中聲聞因為根鈍，所以只能到第七地，緣覺則能在八地時盡除見思惑的殘餘習氣，在此進入涅槃，九地以上純屬於菩薩的階位，在自利利他、斷除習氣後才能轉入究竟的第十地——佛地。

上述藏教與通教的修道行程，接著是別教的斷惑行程，這是以菩薩的教化為目的，故其階位即是菩薩斷惑的五十二階位。

別教菩薩五十二階位中，分凡位與聖位兩種，凡位又有外凡位與內凡位之別。外凡位指制伏界內見思惑的十信位。內凡位有十住（至第七住斷盡見思惑，制伏界內的塵沙惑，八住以後斷盡界內的塵沙惑，制伏界外的塵沙惑）、十行（斷盡界外的塵沙惑）、十回向（制伏無明）。聖位指十地（每一地斷除一品的無明）、等覺（斷除第十一品的無明）、妙覺（斷除無明的根本）。

最後是圓教的階位，它的修行過程與別教相同，所對治的煩惱則有所不同。凡位中的外凡位是指五品弟子位（制伏見思惑），內凡位是指十信位（斷除見思惑與塵沙惑），而聖位包含十住、十行、十回向、十地、等覺、妙覺。而十住、十行、十回向、十地、等覺，此四十一位中，每一位皆斷除一分的無明，因此共斷除四十一品的無明。

別教只斷除十二品的無明，故相當於圓教十行位的第二行，妙覺位斷第四十二品為根本無明，斷除此惑而證佛果。

總而言之，生滅、無生、無量、無作四諦及其斷惑階位即形成藏教、通教、別教、圓教的主要內容。

四、知無作而發心

（一）以三諦為發心的內容

此處提到依據四弘誓願所發理想的菩提心，其究竟形態為「即空即假即中」，與無作四諦的構造相同，雖然是從作為理法的四諦與作為願力的四弘誓願來看菩提心，但所敘述的重點不同，此處是為了教導眾生三諦之理而發菩提心。

但此處以三諦來說明菩提心的內容，是對諸法的究竟相以最正確的立場來把握諸法的實相。什麼是「即空即假即中」？

心也就是一切諸法，是依緣起的關係而成立的，它本身並無實體的存在，亦即並沒有絕非不變的本質，這種表示方法即是空。

但雖然是沒有固定實體，並不是說一切法就不存在，每一法都有外相存於「現在」這個時刻，這種表示方法稱為「假」。

再者，不管是實相或法性，並不是離開具體的一切現實存在來衡量，一切法本身即是法性、實相，從這一面來說，一切法即是「中」。

「知無作四諦而發心」的第一項是以三諦為發心內容，一切法能從空、假、中三個角度而顯現出來，能用語言來傳達的就是「即空即假即中」，但就「空、假、中」三者的相互關係而言，每一諦都同時表現出一切法的真實相貌，因此說「雖然不是三卻又是三，雖然是三卻又不是三」（非三而三，三而不三）。

（二）實相的發心

接下來說明菩提心應有的形態，是從圓教的立場來說明實相的把握方法。從正確的立場來觀察一切法，便可發現任何事物都無法自行限定與其他事物完全區別，主張自我的存在，即是「不縱不橫」的關係。因此凡夫和清淨圓滿的佛陀以及許多眾生之間毫無任何差別，這三者之間毫無間隔，一切都是相互的存在，彼此都是「不二」的關係，此即一切法的究竟相，從這個角度把握一切法的實相即是真正菩提心的目標。

（三）四弘誓願與發心

如上所說，一切法並非真實或者一切法都是中道等等，如果能夠理解的話，那麼對於佛陀眾多教法也就能夠理解了。亦即引起意識作用的意根、作為對象世界的六塵、以及根塵相觸時產生的心，全部具備了八萬四千的教法，但這些內容以四諦來整理的話，首先從苦諦來看，就能表示出「煩惱正是涅槃」，其次從集諦來看，作為苦因的「煩惱即是菩提」，總而言之，亦即一切都是「不二相即」的關係。

單單這樣講，是從佛陀立場所看的境界，從現實眾生的角度看，眾生仍是存在迷的狀態，因此非把這種迷的狀態加以轉化不可。因此這種轉化、開悟的教學表現，前者稱為「三昧門、陀羅尼門、對治門」，後者稱為「波羅蜜門」。

具體的說，眾生原本是毫無束縛的面對一切現實事相，是因邪分別、邪判斷而自我束縛的，由於不知自己本來就是超越的，不須追求解脫，因此才努力的從束縛狀態下脫離出來。故起大慈悲心，破除束縛的心，教導他們「一切都是無縛」的道理，拔苦與樂，此即以四弘誓願發菩提心的第四個形態。

以上所說，即是四弘誓願與四種四諦發菩提心的內容。

【註】

1 七賢：(1)五停心觀：修不淨、慈悲、緣起、界分別、數息等五觀。(2)別相念住位：於觀身、受、心、法等四項所緣，觀其自性與共相，以治淨、樂、常、我四顛倒。(3)總相念住位：總觀身、受、心、法修非常、苦、空、非我之行相。(4)煖法位。(5)頂法位。(6)忍法位。(7)世第一法位。前三位為三賢，又稱外凡；後四位為四善根，又稱內凡。

2 七聖：指見道、修道、無學道之七種聖者。

3 《大品般若經》的十地：乾慧地、性地（伏惑）、八人地、見地（斷見惑）、薄地、離欲地、已辦地（斷思惑）、辟支佛地、菩薩地、佛地（斷習氣）。

六即說與菩提心

為了顯示天台圓教的修行過程，現在以六即說來看菩提心。

一、六即說之緣由

首先指出六即說的理由。對於法缺乏信心時，就容易認為菩提心不是自己智慧所能及的甚深境界；若缺乏智慧時，就會生起奢華的心，以為自己與佛相等。

智慧與信心皆具足時，就能了解我們凡夫的心與追求菩提的心並非有什麼不同，因此就不會自我貶低，認為與菩提心無緣，而恐懼菩提心非自己境界所及，進而顯示菩薩修行的全部階位，使眾生發起菩提心願意循階而上，故提出六即說，六即為：理即、名字即、觀行即、相似即、分真即、究竟即。

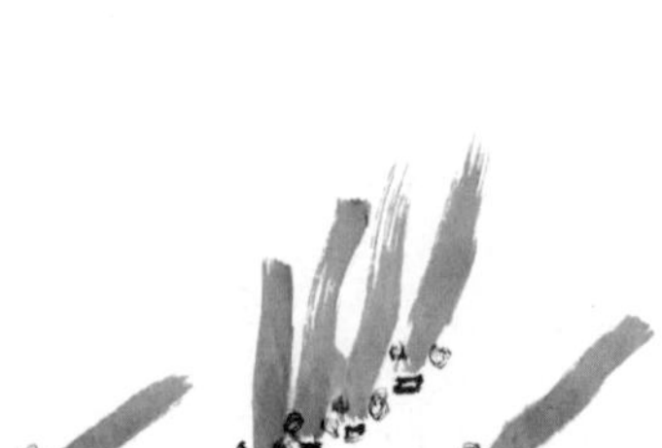

二、六即說的構成

首先說明理即，包含眾生心的一切法是以即空、即假、即中的三諦來理解才能看到諸法的真實相，而且理解三諦的三種智慧也是每一個眾生心中本自具足的。

但應說明的是，上述的三諦與眾生本具的三智對眾生而言，眾生是毫不知情，故以如來藏來解釋，如來藏就是表現出眾生本有智慧存在的可能性，因此理即就是對於沒有注意到「真理本自在心中」的眾生所作的教示。

理即簡單說就是三惡道的眾生唯佛性而已，理即與菩提心相連結，意即眾生即使沒有意識到，仍有可能發起菩提心。

此處所提的三智即是一切智、道種智、一切種智，三諦是所觀的境，三智是能觀的法。

其次為名字即，對於完全不認識佛法的人，不論由智德的人或經典、論書來導引，就能從名字（文字上）了解一切皆是佛法，這種階段稱為名字即，這是初次對真理覺醒。以菩提心來說，這是對真理作知性的掌握，在腦海中接受此教法，也就是追求具有可能性的真理（佛性）的心初次出現於現實當中。

接著是觀行即，指智慧更深一層，更能掌握真理的階段。此處是為了與剛才的名字即作顯著的區別，具體的說，「行如所言，言如所行」為其特徵，以菩提心來說，追求菩提的心並非只是腦海中的概念，而是根植於人類存在的全體。

第四，相似即，智慧更加開發，煩惱越能克服，又能更深一層的掌握真理，有如射箭，越來越近箭靶的中心一般，能夠對真理的認識有相當的正確性。相似是指已有相當程度的接近，以菩提心來說，不再停留於初發心的階段，而是不斷的深化。

第五，分真即，進一步突破相似即的煩惱，正如滿月之前的月亮一般，光輝圓照，黑暗將盡。此處指無明的殘分已薄，智慧幾近全開，亦即即將開悟之前的階段，此處的菩提心更加深化。

最後，究竟即，望文知義，已達開悟的究竟境界，一切煩惱已斷，智慧已圓滿，能夠完全掌握真理，此處的菩提心終於與開悟相等。一般所謂的菩提心是指初入佛道決心窮盡佛道之意，此處的菩提心則還希求開悟的完成。

對照六即說的前後內容，對於「菩提心究竟是初心還是後心」的問題，所作的回答是「既非初心亦不離初心，既非後心亦不離後心」，可說意義深長。所謂的菩提心應是支持眾生完成佛道、追求開悟的心，因此以譬喻來說，如同貧人懷寶而不自知，經人指示而漸掘出，最後終於開門進入，自在的取用財寶。菩提心正如貧人的寶藏，最初人皆不識，以為無緣，追求菩提的心正如人人具有的隱藏寶藏，在某種時機中突然自覺到其存在，於是次第深入發掘之意。

三、圓教的發心與六即說

指出六即說的內容，是在說明圓教的階位，故亦是在說明圓教的菩提心，之前以四諦、四弘誓願來論說菩提心，亦論及圓教以外的菩提心，但六即說是單指圓教的立場，圓教的菩提心有如寶藏，凡夫愚人只知瓦石草木為寶，競相奪取，故而希望人人都能發起圓教的菩提心。

《摩訶止觀》的發大心包含：簡別十種邪心（濁心）、感應道交的菩提心、四種四諦與菩提心、各種發心的形式、四弘誓願與菩提心及六即說與菩提心，從以上論述中，我們可以發現智顗大師對於修學菩薩道「菩提心」之重視。

修大行

常坐三昧

修大行是以四種三昧為主題，若行四種三昧則能修止觀、入菩薩位，達到究竟的開悟。《法華經》上說「又見佛子，修種種行，以求佛道」，由此可知行的重要性。但修行的方法雖多，以下只取四種方法，即常坐、常行、半行半坐、非行非坐。這四種皆稱為三昧的理由是因能使曲心變直心，散心成為定心故，《大智度論》云：「善心一處住不動，是名三昧。」首先介紹常坐三昧。

常坐三昧的修持方法可從身論開遮、口論說默、意論止觀三個角度說明：

一、身論開遮

常坐三昧是出自《文殊說般若經》、《文殊問般若經》，又稱為一行三昧。身體方面只能用坐禪的姿勢，行、住、臥皆不許，故稱常坐三昧。可與多人共行，一人獨修則更佳。場所必須安靜，用一粗繩圍成椅子大小的位置，其他雜物皆無。以九十日為一期，經常跏趺端身正坐。

為去除疲勞或睡眠而在固定場所經行，除飲食、便利可以站起來以外，其餘時間皆不可面向佛前而坐，直到特定時間為止。

二、口論說默

當修行很順利時，沉默的進行是最好的，但若有妨礙的事情生起時，為了去除障礙，口業就很有用了，「口的說默」即是闡明此事。當極度疲勞、為病所苦或睡意不斷時，不管是內障或外障都會奪去正念，若無法去除這些障礙時，只管一心稱念一佛名號，慚愧懺悔，拚命皈依佛陀。

事實上稱念一佛名與稱念十方諸佛名所得的功德是相等的，但為什麼人在充滿憂傷或歡喜的情緒時，一邊哭卻又一邊歌唱，或者雖然悲傷至極卻又狂笑不已？這是因為情緒得以宣洩之故，以修行為己志的人，應該有相同的感受。稱念一佛名時，息觸身體的七個部位而發出聲音，此為身體的動作（身業），其次聲音由唇發出時，即是口業，此二業能助成心的動作（意業）而感得佛的現前（機）。

當心力脆弱時，自已的力量無法排除障礙，此時稱念佛名，祈求其守護時，心力就能加強，惡緣也無法破壞行者的心。若尚未能了解教義時，須親近能理解般若者，聽聞教法，依之修行，如此若能進入一行三昧時，就能見到諸佛而入菩薩位。即使是誦經、持咒都過於喧鬧，何況世俗的談笑呢？

常坐三昧已說明身業與口業的修持，今再介紹意業的部分。

三、意論止觀

靜坐時，心念的把握方法是常坐三昧的問題所在。當惡念已經去除、種種亂想也都捨離、心中種種物象也不再浮起時，只管一心等觀一切法的根源，也就是其真實相，繫心於此（止），以平等心觀察法界（觀），使心與法界成為一體是其重點。

以下敘述法界也就是正念的內容。一切我們眾生的現象世界都沒有超出佛陀的教法，亦即任何一樣事物皆是真實相，如此一來，「這是過去、那是未來、何處是界限以外、何處是物與物的邊際」或者「所知若無、所說亦無」等等主張都不能成立，因此有或無之類，偏於任何極端的主張都要遠離。

所謂「住於無所住處」即是滅去一切事物，置身於真實的境地，這種處身態度與諸佛所住之處是相同的，因此以遠離極端、偏向，住於無所住的態度來繫心法界即為正念的內容。

聽聞如此甚深的教法不應驚怖、疑惑，滅除一切極端的真實境界可稱為菩提、不思議境界、般若、不生不滅等，觀察現象世界的任何事相無一不是真實，若能滅除一切極端、正觀一切平等的真實相，即同於觀察如來的十號。

所謂的「觀如來」，具體的說即是觀察一切事物的平等相，任何偏見皆無法成立。如此說法則尚未說明的要點也都不言而喻，「見到如來，得證佛果」皆不成立，而且所觀的智慧也無法獨自成立，一切皆無形、無相，而且無聞無見無知亦無證，了知「一切都是無相、平等」才是觀佛的應有態度，因此也是坐中的正念內容。

觀眾生相也是坐中正念的內容之一，觀察眾生相同於諸佛相即是正觀。但兩者為何相同？事實上這兩者在根本上也就是理上是相同的，眾生若無應捨棄的凡夫法，佛陀也無應取著的聖法，兩者皆無單一不變的定義，既然如此，一切事物都不是固定的或有限定的形相，亦即所謂的「無相」，此即正觀眾生相。

觀煩惱也是坐中正念的內容，其方法與觀佛、觀眾生相同。仔細觀察煩惱的話，可發現煩惱也沒有本性，例如：觀察五逆罪，其實就是菩提，兩者並非相互抵觸，各自具有固定的形相。審視煩惱時，並未立刻顯現出應該被執著的實體，得知此點即為正觀。再者，以煩惱為對象，窮究其應有的相狀也是坐中的正念之一。

此段主題在廣述常坐三昧的種種功德，促使行者精進不懈的修行。

常行三昧

常行三昧見於《般舟三昧經》，此三昧又名「佛立三昧」。所謂的「佛立」包含三義：1.佛威力，2.三昧力，3.行者的功德力。由於具足此三種力量，因此行者能見十方世界現在諸佛立於眼前，正如明眼人在清澈的夜裡觀察星星一般的清楚。

但佛立三昧的成立是以其方法也就是實踐的態度為前提，所謂的態度就是念佛的姿勢，通過念佛的實踐而能確立（證入）初、二、三、四禪，這些禪定有助於佛立三昧的證得，在三昧中能清楚看到佛的形相。現在從身論開遮、口論說默、意論止觀三個角度來說明：

一、身論開遮

遠離邪智者、愚人、親屬、鄉里，最重要的是一人獨自生活，不得種種有求於他人。飲食方面只限於乞食，其他形式的求助皆不許可。堅持這種生活態度並且嚴飾道場、備辦供物、沐浴淨身，出入道場時務必更換衣服。

具足上述條件後，只管在本尊周圍旋繞行道，以九十天為一期。修習常行三昧時，必須乞師教導且絕對依憑老師，另一方面，自己必須堅固修習的強烈意志，不畏挫折。

二、口論說默

九十天內口中常唱阿彌陀佛的聖號而不休息，心中亦常不停的念佛。可先稱名念佛再觀佛相或先觀其相再稱名或兩者並行，總之兩者持續不斷是最重要的。

稱念阿彌陀佛的名號與稱念十方佛的名號所得的功德是相同的，只是阿彌陀佛是常行三昧所應依據的中心。

基本來說，不管走路、稱名或觀想都觀住在阿彌陀佛身上。

三、意論止觀

今從修行的立場來看心的作用方式而找出常行三昧的特徵。距娑婆世界有十萬億佛土之遙的極樂世界裡，有七寶所成的大地、池、樹、堂閣，阿彌陀佛由眾菩薩圍繞正在講經說法，常行三昧所要繫念的阿彌陀佛正是這種景象。

但是如何繫念？首先觀想佛陀的三十二相，從足下的千輻輪相開始，依序往上觀想身體的每一部分，最後觀想無見頂相，其次再從無見頂相逆觀至千輻輪相。但若要深入一層的念佛，就非得探討佛陀的真實相不可。

常行三昧已提到身業、口業的修持，在意念觀想佛相時，所謂的真實念佛即是得知佛陀的存在不可得，不管是從心的方面或身的方面來尋找佛陀，佛陀都是處於滅盡身心的狀態，因此不可得。

再從另一角度來看觀想者自身，而確認實踐念佛法門的主體與其智慧也是不可得，因此一切皆是無所有，亦即不可得。因此常行三昧的修法，從最初的觀佛相好而轉移至觀察內在的心，才是念佛的基本態度。

例如：夢中獲得七寶而大喜過望，但醒後才發覺一切皆空，佛陀亦如夢中顯現之景象並非實有。若探究「眼睛」與「所看到的佛陀」兩者的關係，即可知道佛陀乃至一切法皆非實有，這種正確的思惟即是常行三昧的基本態度，與前面所說的態度完全相同。

接下來探討「佛陀」這個觀念是如何形成的？它是從念佛的「心」造就出來的，因此是念力的結果。但若尋找心的構造就可發現心是以「想」為它的作用，亦即心是把任何一個對象加以想像、描畫，這種現象可說就是「無知」的表現，因為不知道諸法的真實相而對世間相陷入極大的誤解，不管是任何東西都不應有任何的想像、思念，即是諸法的真實相，這樣一來，不管是念佛或是觀想佛相都不應是真實的。雖然念佛卻知道一切無所有、萬法皆空，即是修習常行三昧的心念構造。

總結上述，修習常行三昧時，最初是從稱名念佛開始，進而觀相，然後反觀念佛的主體之存在是不可得的。從一法的不可得，進一步能推知萬法的不可得。

常行三昧的極大功德：它是諸佛之母；佛眼亦即大智慧，是佛父；甚深慈悲，即是諸佛之母。常行三昧是智慧與慈悲的統一、綜合，一切諸佛莫不由此生。即使將全宇宙的大地及從中而生的草木碎為微塵，一一微塵分布於每一個佛國淨土，再將充滿了這些佛國淨土的七寶拿來布施，所得的功德不可限量。假使與畏敬、信受、修行、成就常行三昧的功德相比，前者的功德即微不足道。

半行半坐三昧

半行半坐三昧包含方等三昧與法華三昧，此兩種三昧以《大方等陀羅尼經》和《法華經》為背景，將行道與坐禪思惟組合起來的一種行法。然而此處所謂的半行半坐三昧並非把之前的常坐三昧與常行三昧各取一半，而是行道與坐禪各有其獨自的形式，因此不可忽略。方等三昧亦分行法與釋義兩項說明：

一、方等三昧

行法

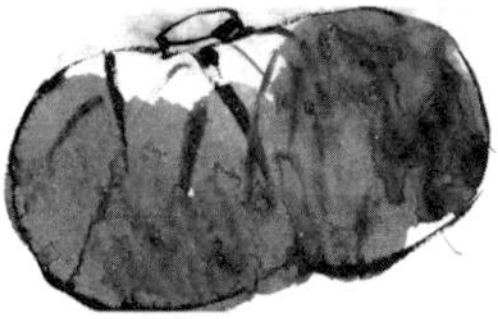

（一）身論開遮

方等三昧是一種滅罪的最佳行法，故不能馬馬虎虎的進行。行法，首先在心中憶念十二夢王，若能憶念十二夢王之一，即可懺悔。

在寂靜場所敷設道場，在室內外以香泥塗地，室中央作一圓壇並加以彩飾，周圍掛五色旛，燃海岸香及燈火。作高座來供奉二十四尊像，數目若超過亦可。盡心備辦餚饌並準備新的衣鞋，若無新衣，乾淨的舊衣亦可，出入道場時必須更換衣服，不可混穿。

七日間必須過午不食且每日沐浴三次。第一天須供僧，人數可依自己的判斷。另須請一位精通內外律之僧為師，求受二十四戒及陀羅尼咒並對師告白自己的罪。為了進入三昧須選擇每月的八日與十五日開始行道並且不可少於七日，若欲深入三昧，亦可自行決定期限。人數不可多於十人，在家人亦可。必須準備法衣（法會所穿的衣服），依佛法所決定的方式來修行。

（二）口論說默

方等三昧的行法是以口業為主，為了提高效果，首先誦一遍咒語才作早課，早課內容為唱誦三寶、十佛、方等父母、十法王子各三次，祈請諸佛聖賢降臨道場。召請法收錄在《國清百錄》的〈方等懺法〉裡。

首先奉請三寶，接著一心奉請寶王佛等諸佛，然後是陀羅尼方等父母、十法王子、舍利弗等聲聞緣覺，接著是十二夢王，其後讚歎、禮拜十佛、十法王子等，〈方等懺法〉對於此處的說明極為簡單。請願後即燃香供養身口意三業，亦即禮佛（身）、讚歎（口）、心念（意），然後再禮拜剛才奉請的三寶，其次是誠心懺悔往昔罪業。

方等三昧在修持上，從身論開遮外，在口論說默的部分，奉請三寶、虔誠懺悔之後開始行道一百二十匝，每一匝念一遍陀羅尼，以最適當的速度及音高來誦咒是其重點，行道誦咒完畢再禮拜十佛、方等、十法王子，然後端坐思惟（冥想），接著不斷反覆「行道誦咒」與「坐禪」，以七日為期。第二期的修行一開始仍是祈請三寶、十佛等的降臨，但最初的召請法可以省略，其餘皆同。

（三）意論止觀

方等三昧的意念也是以思惟為中心而成就三昧的。形式上來說，是思惟摩訶袒持陀羅尼，但推求思惟的動作亦不可得，因此事實上是思惟、了知諸法的空相。思惟、探究、了知一切法存在的真實相是寂滅相、空相，即是修習方等三昧的內在意涵。但一切存在事物的空相是通過何種意涵而得知？是通過六波羅蜜而得，因此修習方等三昧也可說是實踐六波羅蜜。以上是方等三昧的行法。

釋義

從字面來看，「方等」意即又廣又平，「方」即指「法」，《大智度論》提到以四種方法而開悟，故把它解釋為「方法」。「等」即指「應該知道的真理」，亦即廣大無偏的智慧，所以方等三昧是指通過修行而導向真理境界的方法（行法），亦即通過修行而得到平等的大慧、了知真實相，這樣說來，方等三昧的根本是得知真實的智慧行。雖然重視陀羅尼的讀誦，本質上仍具有知（義理）的性格，這種解釋是智顗大師特有的作風，此處可明顯的看出他的教學思想的特徵是以重視智慧的觀法為中心。

以下針對「身的開遮」的各種修行動作解釋其義理的意涵。前述的「祈請夢王」是為了達到把握究竟的真理中道觀（中道第一義諦觀）而作的一種方便觀法，相當於空觀（從假入空觀）與假觀（從空入假觀）。

其次「莊嚴道場」，所謂的道場即指清淨的世界，因此「莊嚴」就如同去糠而取白米一般，以智慧滅除煩惱，體得實相，用以莊嚴法身（真實）。用香泥來塗道場內外亦即遵守無上的戒律，豎五色旛即指離開煩惱的種子，以大慈悲遍覆世界，道場所設的圓壇亦指不動的實相，懸絹製的旛意指轉迷為悟，正確的把握真實相，道場的旛與圓壇意指實相與智慧的密不可分，燃香、點燈指依戒律而精進，依智慧而圓滿見到真實相。

方等三昧對於行法的各項儀式、器具都作深切的說明。供佛用的高座代表一切諸法的空相，一切諸佛皆於此寂滅，禮二十四像即是順觀、逆觀十二因緣，供物即指無常的苦、酸，若能知此則近真實道，因此備辦供物即指遲早都會見到真實相，身著新衣指滅除煩惱，不屈於任何事物的強烈意志，以七日為一期即指七覺，每一日都加深智慧，邁向究竟的境地，因此每一日即比喻一實諦。

每日三次洗浴即指修習三觀，從煩惱面來看是指去除三障，從智慧面來看是指獲得三智，尋求一師意指了解「一實相」，求受二十四戒即指順、逆觀十二因緣而得到防非止惡的道具戒，受陀羅尼意指所有的修行都與義理相應，而旋繞一百二十匝代表了解《瓔珞經》所說的十種十二因緣，亦即一百二十個法門。

每旋繞一次即誦咒一次，每一咒即相當於十二因緣說的一百二十項當中的一項。就內容而言，即是煩惱、業、苦三道，因此誦咒即是在懺悔三道。三道的懺悔方法不同，苦道與業道是通過儀式來懺悔（事懺），煩惱道是用內觀的方式來懺悔（理懺）。

《大方等陀羅尼經》卷四提到「『犯小小的沙彌戒乃至大比丘戒時，即使懺悔也不能恢復戒體』，這種說法是毫無根據的」，對此行為的懺悔即指業道的懺悔。又說「因懺悔後，眼耳諸根悉清淨」，即指苦道的懺悔（已懺除此業苦故）；「第七日見佛聞法，得不退轉」即指煩惱道的懺悔（已懺悔煩惱障故）。有了以上的經典依據，每誦咒一次即旋繞一匝，其內在的根本態度即是在懺悔三障。

煩惱、業、苦等三障若能去除，則能了知十二因緣的每一支及五陰的每一陰都是沒有固定的實體，一切法都無實體即是其真實相，這種思惟方式即能滅除三障，知道一切都不可得而懺悔三障，即是諸佛所說真實的懺悔態度。

以上為方等三昧於外在形式下所展開內在深廣的義理，方等三昧是通往開悟極有效的方法之一，由此成佛者不計其數，因此可說它是諸佛之父母或世間至高之寶，若能忠實修行可圓滿證實相之理，即使誦咒、捧花、燃香供養也已接近開悟，因此是力量很大的行法。

二、法華三昧

法華三昧也是屬於半行半坐三昧，主要以誦持《法華經》、坐禪思惟法義、懺悔六根為主。方法上也是從身論開遮、口論說默、意論止觀三個角度來說明。

（一）身論開遮

身論開遮共有十項：1.選擇一固定清淨莊嚴的道場；2.沐浴身體；3.進入道場，以虔誠的身口意三業禮拜三寶，發願救度眾生；4.奉請三寶來臨；5.禮佛；6.六根懺悔；7.遶旋，一邊行道一邊意念三寶，口誦《法華經》；8.誦經，此處的誦經應指第7.項的行道誦經，但並非全部的經文，而是只有〈安樂行品〉；9.坐禪思惟實相；10.修證法華三昧所得的利益。關於法華三昧的內容，智顗大師在《法華三昧懺儀》中，解說得更為詳細。

（二）口論說默

口業部分，由於「供養三寶、召請佛陀、禮佛、懺悔六根、行道誦經、坐禪」等等儀式皆是口業的範圍，所以不再討論。

（三）意論止觀

修法華三昧時，有伴隨動作的形式，也有完全無動作以內觀為中心的形式。前者稱為「事行、有相行」，後者稱為「理行、無相行」。方法上雖然這兩種形式的任一種均可，但是從心的構造來看，不執著這些形式來修持才是重點，亦即不須反覆「有相、無相」的程序，而是超越形式以不拘泥的心來修持。

《普賢觀經》說：「專誦大乘，不入三昧。日夜六時，懺六根罪。」《法華經・安樂行品》云：「於諸法無所行，亦不行不分別。」前者為有相行，後者為無相行，所以不應論議哪一種才是正確，也不須顧慮哪一種應該優先。

又〈安樂行品〉提到「護持讀誦《法華經》，平等的解說佛法，深心禮拜一切菩薩」即是事行（有相行）。《普賢觀經》也說「眾生的心念是空無自性的，罪惡與福德並非固定存在的實體；故亦非有。以智慧來體悟這個道理，一切惡業就能消除了」即理行。

因此南嶽慧思的《法華經安樂行義》中，認為安樂行有「有相與無相的安樂行」這兩種。既然有事、理兩面，同時給予兩種名稱。修行人以動作來修種種行，懺悔六根以求開悟是為有相行；當下體會一切皆空時即能開悟，是為無相行，故法華三昧包含了有相、無相兩種類別。

法華三昧從開悟的立場來考慮，在修行時不能執著有、無兩種行法。更具體的說，做事相的修行時，不可意識其為事相；作無相的修行時，亦不能意識其為無相。雖然以「行」的形式顯現，但卻不能執著其形式，這樣才能自在的修行。這是修法華三昧時，心念上的基本態度。

此處再就《觀普賢菩薩行法經》中關於法華三昧的內在特徵加以說明。此經提到普賢菩薩為了救度煩惱的眾生而騎著六牙白象出現，經文接著對白象加以詳細的描述：

1.所謂的六牙白象是代表菩薩所擁有的淨潔無瑕的六種神通。2.牙有多方面的廣大用處，代表佛菩薩神通力之迅捷。3.象的大力代表法身的大力能負載所有的東西。4.白象的白色代表真實的東西是無瑕的。5.經中又說象的頭上為了引導眾生而示現三個化人：一持金剛杵，一持金剛輪，一持如意珠，這代表用一切智、道種智與一切種智克服了所有煩惱的狀態。6.化人以杵引導象的行進，象徵著以智慧來引導行為。7.不斷旋轉的輪子則代表濟度眾生的活動。8.如意珠代表一切都應歸屬於中道。9.牙上的池代表作為禪定本質的八解脫及作為禪定作用的神通，兩者是一體的關係。10.池中花開代表水中能孕育出花朵，猶如以神通力為動因來淨佛國土、濟度眾生。11.被花環抱的女性象徵慈悲，由慈悲而發動神通力才有可能在這個娑婆實踐利他的行為。12.女性手中的樂器代表引導眾生進入佛道的四種慈悲態度（四攝法）。13.女性所奏的優美音樂及美妙歌聲使行者歡喜，代表「普賢普現色身三昧」。14.行者得陀羅尼代表深深憶持諸佛菩薩的教法，此處陀羅尼代表慈悲的心透過語言而顯現出來。

以上解釋的用意，在於說明法華三昧是在智慧與慈悲的基礎下而形成的三昧，最後廣引《觀普賢菩薩行法經》及《法華經》的經文，來勸導通過《法華經》而護持、修習法華三昧能引發無量功德。

非行非坐三昧

修大行的第四項非行非坐三昧，首先說明其成立的二種原因：

其一是為了囊括不屬於常行、常坐、半行半坐三種三昧的行法，而在形式上必須成立第四種三昧。

其二是從行的實質面來看，認為行、坐以外的其他行為也能與修行相連繫，而成立第四種三昧。

就特徵而言，前三種三昧皆以人們行為的形式（走路、坐）為基礎，而此處則包括行、坐以外的其他形式，例如：住、臥、言語、作務。

南嶽慧思所說的隨自意三昧是就「意念生起」時而修的三昧，與此處的非行非坐三昧是相同的。《大品般若經》裡的「覺意三昧」亦是清楚的覺知意念趣向的三昧，故三者名稱雖異，內容卻同。

今就覺意三昧來作說明：「覺」是有如光的照射一般，能清楚的照見諸物；

「意」是了解心的每一個動作；「三昧」是制心一處，觀察自心。合起來就是「止住散亂的心，正確的觀察心的每一個動作而清楚的把握其真實相」的修行。觀照心的動作時，發現心念的轉動原因或最後停留的內容，乃至來處、去處皆不可得即是正確的看法。

一般常把「心」分為：「觀察心的動作，覺知一切對象」稱為「心」；「加以思量考慮」稱為「意」；「了知個別對象」稱為「識」。正確的看法應該是從心念的動作來看，雖可分類為心、意、識三種，但彼此並非毫無關係，雖一而三，雖三而一。更詳細的說，心是非有、非無，因此非常、非斷，此為覺意三昧的基本態度也通於隨自意三昧與非行非坐三昧，因此非行非坐三昧正如覺意三昧一樣，是觀察心的趣向而超越「斷、常、有、無」見的修行。

現在就約諸經、約諸善、約諸惡、約諸無記等四項，依次說明非行非坐三昧的內容。

一、約諸經

以下從各種經典內容來介紹覺意三昧的行法：

（一）方法

此三昧的行法之一是根據《請觀音經》而來，但此處所謂的「請觀音」並非根據智顗大師構想「觀音懺法」時所考慮的《請觀世音菩薩消伏毒害陀羅尼咒經》（簡稱《請觀音經》），而是依照他著述的《請觀世音懺法》（收於《國清百錄》中），也就是灌頂在整理《摩訶止觀》時，參照《請觀世音懺法》的內容來整理此處的行法。

非行非坐三昧，首先在靜處敷設道場，懸旛蓋、燃香、點燈，在西側供奉西方三聖像。如廁或出入道場時須以香塗身，並常澡浴清淨著清淨衣，從齋日開始行道。

首先向西五體投地，禮拜「三寶、七佛、釋尊、阿彌陀佛、三陀羅尼、二菩薩」，其次胡跪（右膝著地，左膝直立）、燒香、散華、觀想，供養畢端身正心、結跏趺坐、繫念於數息，十息為一念，十念畢則起身燒香。

為眾生故，三遍召請三寶，三次稱念三寶名號並加稱觀世音聖號，合掌誦四行偈再誦咒三遍，然後憶念往昔一切惡業，發露懺悔，接著禮拜所召請的三寶與諸佛聖眾。然後一人登高座或唱或誦《請觀音經》，餘人專心諦聽。

以上是早上、初夜的行法，其餘的時段用通常的行法即可。

（二）內在的態度

此三昧是從觀察五陰六塵而了解空性。在《請觀音經》中問及：「眼根即視覺作用，乃至意識是依六種對象（六塵）來作用，這些該如何攝住？」《大集經》云：「住於如心。」亦即以「真實的心」收攝，所謂真實的心就是不執著一切的心，以此態度來了解空。

其次以「色」為例，說明觀察五陰的方法。物質的世界是由四大（地、水、火、風）構成，因此觀察色就是觀察四大。一一觀察四大即可發現並無實體，乃依因緣而成立，故非實有，這種特性通於其他四陰。此處又深入觀察十二因緣而知一切如空谷之響、芭蕉葉的中空、閃電的瞬息萬變一般，沒有實體性。

（三）誦陀羅尼

此處是把《請觀音經》間接表達出來的意趣更明顯的指出來，認為誦咒也是非行非坐三昧的方法之一，並且著重在實踐後的功能。

依照此經的說法，共有「銷伏毒害、破惡業、六字章句」三種陀羅尼用來對治報障、業障及煩惱障。首先，被惡病纏身的毗舍離國人因誦銷伏毒害陀羅尼故，即能平癒，此即破除報障。其次，破梵行的惡人若聞破惡業陀羅尼則能除穢淨心，此即破除業障。最後的六字章句陀羅尼能破貪瞋癡三毒煩惱障，成就佛道。

〈四行偈〉：

願救我苦厄　大悲覆一切
普放淨光明　滅除癡暗瞑
為免毒害苦　煩惱及眾病
必來至我所　施我大安樂

我今稽首禮　聞名救厄者
我今自皈依　世間慈悲父
唯願必定來　愍我三毒苦
施我今世樂　及與大涅槃

非行非坐三昧從敷設道場、觀察四大皆空到最後誦持「六字陀羅尼咒」，這其中所謂的六字「唵縛雞淡納莫」，具體而言即是六觀世音，亦即「大悲、大慈、師子無畏、大光普照、天人丈夫、大梵深遠」觀世音，因此誦咒即是在稱念六觀世音的名號，大悲觀世音破除地獄的三障，大慈觀世音破除餓鬼的三障。

以此類推，六道的三障一一破除，同時又能成立二十五種王三昧，大悲觀世音成就無垢三昧，大慈觀世音成就心樂三昧，師子觀世音成就不退三昧，大光觀世音成就觀喜三昧，丈夫觀世音成就如幻等四種三昧，大梵觀世音成就不動等十七種三昧。

此經亦說明三乘的各別懺悔方法並統攝於非行非坐三昧當中，除此外，若將種種大乘經典加以分類，亦可發現其行法亦統攝於此三昧中。例如：《七佛神咒經》所說的「七佛八菩薩」的懺悔法，以及《虛空藏經》所說的「於八百日間一心塗治廁所，懺悔往咎」，都是這種典型。

二、約諸善

非行非坐三昧基於善的方法分三項說明六度的實踐方法：（一）從心念的未念、欲念、念、念已等四相分別心的生起。（二）根據六受來觀察四運心。（三）根據六作來觀察四運心。

（一）四運心及其方法

首先說明四運心，再依之考察種種善行。所謂「心意識」雖然無形體、不可見，但從作用角度來看，卻可分為四種狀態，亦即「未念、欲念、念、念已」。「未念」是指眼前雖然尚未生起，其後必定有作用的心；「欲念」是指現在將要作用的心；「念」是指正在連續作用的心；「念已」是指作用已滅的心。心念的持續作用就是不斷重複這四種狀態。

所謂的非行非坐三昧，方法上即是要把心念依照這種狀態加以整理、分類，然後再一一觀察的行法。眾生雖然不知道心有這四相，但心確實是有四相可以觀察。目前已經生起、正在作用的心（念頭）是可以明顯觀察到的心的形相，這是大家毫無疑問的。其次，從心的作用將要生起的狀態（欲念）來看，在此之前一定祕含著「動作的可能性」的心，這種必然應該要動作的心是處於「未念」的狀態，因此未念並不是無念，以動作將要出來的可能性為前提，出現了將要動作的心態，因此從未念而有欲念，未念與欲念就成了可觀察到的心相之一。

非行非坐三昧基於善的方面在四運心及方法中，就「念已」來說，例如：一個工作做完的人，在工作完成的那一瞬間，工作並不是歸零。同樣的，心的作用結束時，作用本身雖然無法再看到卻不是無，因此所應觀察的相就像工作剛結束的人一樣還有殘餘的相可觀察，故「念已」也有應被觀察的相。

《大智度論》：「諸佛之所說，雖空亦不斷，相續亦非常，罪福亦不失。」這種講法與剛才所說相同，亦即心的四相是可以觀察的，故不能把它當作是「無」。

因此對於心念所起的種種善惡皆不可執著，只是用自在的智慧從四相的觀點來善加觀察心念，此即非行非坐三昧的方法之一。

（二）根據六受觀察四運心

此處以善行為中心來說明非行非坐三昧的內在構造。善行雖有多種，此處僅以六波羅蜜作說明，並就「六受」與「六作」來解釋何種形態才值得被稱為六波羅蜜。其中「六受」以眼根為例，「六度」以布施波羅蜜為例，由於基本構圖很明確，所以其餘可以類推，不再重複。

眼根以物質作為對象來知覺時，眼的動作可以分為「未見、欲見、見、見已」四運心。四運心是無形的，同時也不是不可見的，一言以蔽之，即是不可得、無自性空的。能夠知覺對象的心也絕對不是自己本身就能存在的，故也是空性的，觀察「眼識」與「所見的對象」也不是單一實體的存在。

再就六識當中的意識來看，意識以「法」為對境而作用，故有「未緣、欲緣、緣、緣已」四運心。但觀察這四運心時，不管哪一個都沒有實體，都是不可得。再看認識「法」的心以及作為對境的「法」，兩者也都是空。以此類推，觀察六受的每一受無不是空性。

雖然如此，針對對象而作用的六種感受作用（六受）在現實中卻有種種態度，整理起來，從地獄至佛可分為十種態度。

首先眼識看到對象後，就完全的執著並且破壞了所受持的戒，此即導向地獄的態度。其次雖然執著現實的對象卻裝作不是，此即餓鬼道的態度。若是不只執著對象也執著自己，此即畜生的境界。與他人相競爭並常以己為勝，此為阿修羅的境界。若自身具備了仁等五常或五戒十善等態度，此即人間、天界的領域。

非行非坐三昧已說明從心念的未念、欲念、念、念已等四相分別心之生起，根據六受而觀察四運心已說明六受，接著是觀察四運心。

了解心的生滅不斷亦無停止的地方，總是持續著「苦、樂、不苦不樂」三種感情而不得自在，滅則無此三受，滅則不離還滅的因果，此為二乘的態度。

至此為止所觀察的四運心，也就是與對象有關的心識作用的四種觀點都是廣為眾生所認同而且絕非正確的看法，其原因在於心識作用的對象，以及相關的感覺作用，乃至意識作用都被視為實有的。

因此起慈悲心行六度才能克服無量劫以來頑固、持續的執著心。以慈悲心為支柱的六度，其構造為何？如剛才所說，不管是對象、感受作用、認識器官等等一切皆空、不可得為其內容，通過四運心的觀察而了解一切皆空即是菩薩的境界。

四運心還有更深一層的觀法。若觀四運心與虛空相等，雖與菩薩的觀法無異，但這是從佛的立場來觀，故與前面有別，並非通教的菩薩而是通教佛的四運心。

與前面相比，對於空的體會更加徹底，因此能得到開悟的四種美德（常、樂、我、淨），亦即得知空的真實相時，空是不變的，所以相關的美德是「常」的；知道空即能不受三界內的苦，故能得「樂」；從此不再造流轉六道的業，故能達到絕對不動的境界，此即「我」；從此不再被煩惱染汙，所以是清「淨」的。

但觀察四運心而得知即空並非此觀法的全部內容，一方面雖然見到空，另一方面卻又能見到種種四運心的相狀（十界），此即別教的內容。最後是四運心的究竟形態亦即等觀空有兩邊，更詳細的說，因緣所成立的一切法並非有亦非無，而是亦空亦有，正確的表示，即是空、有（假）、中三諦兼備，觀四運心時，得知一切諸法皆空假中即能得到佛的知見。此方法亦適用於觀察聲、香、味、觸、法等五境相關的感受作用的內在構造。

綜合上述，是依據六受來說明六波羅蜜，從而教導非行非坐三昧的內在態度，亦即非行非坐三昧（也就是六波羅蜜）是一一根據六受來分解、觀察四運心，從而得知一切無非是三諦。

（三）根據六作觀察四運心

以下根據「行、住、坐、臥、語默、作作」六作，說明六波羅蜜就是非行非坐三昧的實踐態度。此處以「行」為說明的主軸，其餘可類推。

以檀波羅蜜（布施）而言，行的方面可分為「未念行、欲行、行、行已」四運心，觀察的結果得知四運不可得即是正確的，反觀能觀的心也是沒有存在的實體，空寂無依，再觀行的動作與行的主體亦是非有，從而得知一切萬法的真實相皆是空性，此即完成檀波羅蜜。

但是檀波羅蜜的成就並非僅止於觀空，由於心的作用而出現種種的境界亦須加以觀察，例如：心識作用所產生的毀戒行為即是地獄，欺誑他人即是餓鬼，偏袒同類是畜生，對於他人的遲鈍徹底的嫌惡是修羅的態度，給予周圍的人正義是人類的態度，守十善行四禪是天界，為了追求涅槃而修行是二乘的態度。實際上一切皆空，同時又能觀察現象世界的種種差別相，就天台宗來說即是觀空、觀假。

完成檀波羅蜜的最後一項即是中道觀。觀察一運心（一念心）得知其具足十法界，亦即心具有無量的相狀，從這一點來看，心的無量相狀可整理成十法界，但心亦是因緣所成，故亦不能視為實有，因此這裡所謂的空性是一體的，一念心雖空亦不能視為空，雖有亦不能視為有，那麼既非空亦非有，反過來說又是亦空亦有，這種狀況最適合的表達方法就是中道觀，因此一念心同時具有空、假、中三諦。

如上所說，一念心（廣泛來說即是四運的每一運心）從三諦的角度來把握，即可超越有、無的極端，完成檀波羅蜜。

從六作當中的「行」來開展「四運」，解釋六波羅蜜當中的檀波羅蜜的實踐態度，以此可類推「住」以下的其他六作如何實踐檀波羅蜜乃至六波羅蜜，由此可知，非行非坐三昧的方法是以得知究竟三諦為其實踐的目標。

以下一一說明六波羅蜜如何實踐非行非坐三昧。行者行時，無偏的以大悲眼視眾生，使眾生得到極大的安慰，此即行中的檀波羅蜜。其次以合於理，不偏於極端的態度，不傷害眾生並且不得罪惡、福德之相，此即行中的尸羅波羅蜜。行時不偏於極端、不動搖，所有場合皆能自在而且不論何種場合心皆不動搖，此即忍辱波羅蜜。

行非行非坐三昧時，心念合於理、一切皆不執著，此即精進波羅蜜。行時無有所謂的迷、悟，對一切法皆無分別、念想、執著，此即禪波羅蜜。行時，兩手、兩足、身體與頭無一不是自由，一切皆不執著，不陷入生、滅、斷、常等極端，得知肉體與認識作用皆是空寂，從一切執著中解放出來，並且體會到無縛無脫，此即般若波羅蜜。

綜合上述，與「行」關聯的六波羅蜜的實踐態度即是說明非行非坐三昧是以克服執著為其目標，以得知中道為其基本方法。以下續就「行」為例，說明禪波羅蜜。行的態度中，實際上具備了禪定的要素，若忽略「行」與「定」的關係，則心念必然陷入於執著禪定，貪著禪味的境界，因此有必要探究禪波羅蜜。此處的重點是觀察修習禪定的心而得知心本身並非實有，亦不應執著修習禪定的「行」，超越一切的貪著即是禪波羅蜜的內在實踐課題。

其次說明般若波羅蜜。未到達悟境時，實踐觀法、追求真理的心非常強烈，把心安住於所觀的內容時，認為心即是微妙的智慧，因此給予自己極高的評價，此即智慧的障礙，離解脫日遠。因此反觀追求真理的心，若追求真理的心，所緣的對象並無根據，則能緣的心之生起、消滅亦無實體，再追究下去，冀望以心來了知真理的主體本身亦非實體。

因此若了知事物的全體，當然會從認識、把握對象的這種表象作用中解放出來，從而破除了安易的自我肯定，消除了一切執著，此即所謂的成就般若波羅蜜。《大智度論》說：「念想觀已除，戲論心皆滅。無量眾罪除，清淨心常一。如是尊妙人，則能見般若。」

行中有三種三昧：一是徹底破除把現象世界視為實有的態度，得知一切皆是空無，稱為空三昧；二是否定前述的空無，稱為無相三昧；三是從追求真理的心也就是能觀的心當中解放出來，稱為無作三昧。其次就行的內在來說，行者破除「心、見、想」三倒以及貪瞋癡三毒，超越欲界、色界、無色界，伏四魔之怨，成就波羅蜜，並且遍攝法界增長一切法門，得到深廣的實踐功德，這種實踐機能並不只限於六度或三種三昧的範圍，「住」以下的實踐態度亦內含了同樣的實踐機能。

前面已從檀波羅蜜的角度談六度波羅蜜的實踐，現在從尸羅波羅蜜的立場說明六度的實踐。尸羅波羅蜜如同擎油鉢而不漏一滴油，以堅定的心不惑亂對方，動作非常慎重有序，但即使如此尚不能稱為尸羅波羅蜜。這種動作雖然是持戒的態度，但與波羅蜜也就是開悟的境界尚有一段距離，若以智慧來觀察，則「作為觀察對象的心」與「能觀察的心」兩者皆不可得，在慎重有序的動作當中，得知一切諸法的真實相而毫無執著，努力克服自己陷於極端的態度，即是圓滿尸羅波羅蜜的方法。（其一）

但是觀察心，或更具體的說，觀察四運心時，可發現十種不同的觀法，每一種各有特定的持戒相。

亦即若知道與身業、口業有關的七惡本來就是如虛空般的清淨，即相當於遵守不欠、不缺、不穿三種律儀戒，其次由於觀四運心而破除邪心，即相當於不雜戒，若因此使心不被攪亂即是定共戒，若把四運心也當成觀境而不令生起即是道共戒，若因此不執著於各種場合即是無著戒，若能觀察、分別而正確把握四運心即是智所讚戒，若

因此看破四運心所統攝的一切法即是大乘自在戒，若能識四德（常、樂、我、淨）即是究竟戒。（其二）

故雖然是持戒，其內在態度有種種差異，除此外還有更深一層的境界，此即雙照空假兩邊而得知中道一實相之理，此即佛境界亦為尸羅波羅蜜的圓滿。（其三）

以上敘述的焦點與其他波羅蜜相同，皆是通過對心的觀察而確立無執著的心，並以三諦為中心來探討戒的內容，這種理解方式是智顗大師獨有的。此處的議論與思考方法跟二十五方便之一的持戒相同，唯後者更指出遵守既定戒律是屬於通戒或事戒的領域，另一方面透過心的觀察而產生不執著的心，並得知三諦則屬於理戒的領域。

為了滿足六波羅蜜，加以觀察、了知、修習行時的心（能觀、能作的心）與所趣的對象（所觀、所作）乃至心的作用等，須知一切皆是不可得。「色者」即認識的主體（能觀），「色法」即認識的對象（所觀），「受者」即認識作用，若知三者皆不可得即是修習檀波羅蜜。

以上透過六作說明六波羅蜜的實踐方法，亦即非行非坐三昧的修法。其具體方法即是觀察「心」的不可得，從而遠離一切執著，此即非行非坐三昧的基本方法。

三、約諸惡

非行非坐三昧已從善的方面作各項觀察，現在基於惡的方法再作闡釋：惡的諸相，此處從惡的角度說明非行非坐三昧。區別善惡的基準很難確立，例如：平常生活中，常把覆蓋清淨心的惡心視為惡事，而以開悟為期的具體修行（例如五戒）稱為善，雖有人稱此五戒為善的修行終究其福報只是停留在人間、天界，還復墮入三惡道，因此被認為是善的行為亦可稱為惡行。

覆蓋心的煩惱本來就與開悟相關，然而依據這種想法所作的行為在此階段尚無法真正使眾生轉迷為悟，因此可說這種行為的本質還是惡的。把聲聞緣覺二乘能超越三界的苦稱為善行，但二乘的目標只是完成各人的開悟，欠缺利他的一面，因此不能認為是（完整的）善。

《大智度論》提到：「寧起惡癩野干心，不生聲聞辟支佛意。」故倒不如說二乘的場合雖是善，但與佛的完善相比仍含有很多惡，這也是乍見是善其實非善。

把實踐六波羅蜜起慈悲心救度眾生的菩薩行稱為善，但菩薩仍有煩惱未斷，故說菩薩身如毒器，內含煩惱而教化眾生猶如口中含毒而就食，眾生不但得不到救度還有可能喪命，因此有煩惱的菩薩救濟也算是惡。

三乘共同斷除同樣的煩惱應可稱為善，但因尚未斷除無明，所以還未得知究竟的真理，只能與較低層次的真理相應，故亦不能稱為善。在別教的立場稱為善，這雖是超越所有的真理而尋求唯一、絕對的真理，但對於因應眾生的根機，善巧的利益眾生的教法全部都放棄（捨權入實），因此也不能稱為（完）善。

如此看來，唯有圓教方稱為善，但圓教法門具體而言究竟為何？一般來說，順從實相的事即是道（善），背於實相的事稱為非道（惡），如此則實相的相應與否成為區別善惡的標準。更清楚的說，觀察惡時，得知惡並非固定的、非有實體的，則惡並非惡，而是所謂的「空」，因此惡也是所謂的實相，此種觀察態度即是順從實相、體知實相，故可稱為善。

相反的，為了窮盡佛道而以執著的態度來觀察一切事物，認為都是固定的、實體的，則與實相相背，故可稱為惡。因此「非道」（惡）與「道」（善）兩者不能視為固定的、實體的，而是相即的。這種超越凡夫的立場，以圓教的法門來理解善惡才是正確的理解方法。

非行非坐三昧基於惡的觀察，以下論及個別的惡，首先以六蔽[1]來解釋現實眾生的相貌。煩惱無盡的生起而無止息，眾生相是多欲、犯戒而無忌憚、瞋憤他人、怠惰終日、嗜酒亂心而無智慧，因此心念川流不息，再也沒有比這些更愚癡了。

對於現實的眾生相，以惡為觀境而深入觀察是非行非坐三昧的方法之一。

（一）觀察惡的經典根據及其意義

此處僅敘述其主旨：1.再大的罪惡都不妨礙修道，以央掘摩羅與提婆達多為惡人的代表，最後都悟道。2.修習佛道的過程中亦不排斥惡的存在，如同有魚才使用鉤、餌一般，因為現實中存在著熾盛的煩惱，所以才有觀察惡的必要。亦即以煩惱為對境來修觀法，因此在修道過程中亦不排斥惡。

（二）惡的觀察方法

此處把惡整理成六蔽並以貪欲為例展開說明。與觀察善的方法相同，都是觀察四運心的相互關係而究竟其實相，故將貪欲分為「未貪欲、欲貪欲、正貪欲、貪欲已」四相，並用所謂的四句推檢，來探討未貪欲移轉到欲貪欲的過程，而證明貪欲為不可得。四句如下：

1. 未貪欲滅而欲貪欲生

未貪欲與欲貪欲的關係是不二（相即）還是無關（相離）？先暫定彼此為相即，則不二的其中一個滅去，另一個生起，但滅與生之間卻毫無任何關聯，因為滅與生本來就是朝向完全相反的方向去運動，則在這樣的條件下，第一種主張完全不能成立，其次暫定彼此為相離，則欲貪欲在毫無原因的狀況下生起，這也是不合理。

2. 未貪欲未滅而欲貪欲生

未貪欲與欲貪欲的關係是相即還是相離？先暫定為相即，則未貪欲與欲貪欲兩者同時生起，結果是「生」的起點不明確，其次暫定兩者相離，則欲貪欲成為無因而生，故第二種主張也不能成立。

3.未貪欲亦滅亦不滅而欲貪欲生

若主張前半段的「未貪欲滅而欲貪欲生」，則後半段的「未貪欲未滅而欲貪欲生」即不能成立；相反的，若主張後者則前者也無法成立，因此未貪欲「已滅」和「未滅」兩者無法得到共通的理由來支持其立論，因為內容相互矛盾，在邏輯上無法導出一個決定性的結論，故第三種主張亦不成立。

4.未貪欲非滅非不滅而欲貪欲生

第四句其實與第三句是相同的。（第三句是「P與非P」，第四句是「非P與非非P」。其中「非非P」即「P」，故第四句可換成「非P與P」，因此推論內容及結論與第三句相同。）檢校第四句，是將未貪欲的「滅」與「不滅」都加以否定的雙非語句，則「非滅」與「非非滅」的關係是「有」（能同時並存）或「無」（不能並存，故不成立）？若是有，則失去雙非的意義，若是無，則欲貪欲無因而生，亦不合理，故第四種主張亦不成立。

根據四句推檢來探索欲貪欲生起的因緣關係，結論為不可得。若將四句再用不同的形式來組合、檢索，所得到的結論還是相同的（欲貪欲生起的因緣關係為不可得）。因此四句推檢的最後結論是貪欲（煩惱）本身是空寂無依、不可得。

現在再用不同的角度來探討四句推檢，亦即從蔽（煩惱）的各種生起組合來看四句。

具體的說，蔽是以何為對境而生起？色或其他五塵？是依六作的哪一個生起？行或其他動作？更詳細的說，若以色為對境，則與色相關的眼根動作，亦即「見」的四運心當中，究竟是哪一運心？

若依行而生蔽，則行的四運「未行、欲行、行、行已」當中，何者能生？蔽又是依何種因緣為契機而生起？例如：毀戒、為了眷屬、欺騙、嫉妒或是為了慈愛禮讓、甚深禪定、涅槃乃至如恆河沙數一般的佛法？像這樣大幅的對每個細目一一推檢，就能對蔽（煩惱）生起的真實相得到正確的認知。

現已得知貪欲的不可得、空性，另一方面再推檢現實中生起的種種貪欲相、感受對象的這個感受主體，以及對對象加以行動的行為主體，也都是沒有實體，因此推論出貪欲也是空寂無依。

前述立場（空觀）再加上對眼前生起的種種貪欲相作正確的了解（假觀），即是雙照的立場，這種雙照的作法又稱為中道。

前文提到，未貪欲非滅非不滅而欲貪欲生的不可得相，原文最後簡述瞋蔽的觀法，內容與貪蔽的觀法無異。上述將惡整理成六蔽再一一觀察，其觀法的基本在於無論再大的惡都是超越眾生的思議、都是真實相，因此觀察惡而得知惡即是菩提。

更清楚的說，與三諦相應的內容即是非行非坐三昧的修法根本。惡的深入觀察過程亦能與六即位對應，但因其說明極為形式化，故此處不加論述。

四、約諸無記

基於無記的方法，此處，再以非善非惡的無記心為觀察對境。由於每個人的性格不同，因此有些人不喜歡作善也不喜歡為惡，此時意識上無法清楚的覺知自身處於無記心的狀態，從而無法修習以觀察意念為主的隨自意三昧而不能開悟也說不定，如《大智度論》所說，無記中有般若波羅蜜，因此以無記心為對境來修觀也是可能的。

觀察無記心的方法與觀察善惡的方法相同，都是從有無的四句推檢而知無記心不可得。具體的說，無記心是從善乃至惡心滅而生，或不滅而生或亦滅亦不滅而生或非滅非不滅而生？通過這一連串的觀察可知記（善或惡）或無記皆不可得，如虛空一般的空寂。

若再把無記心加以展開則可現出十法界，雖然原文並無具體的解釋，但從天台的慣用解釋來看，無疑的是假觀，進一步看，無記心也不外乎是法性，「法性」一詞的界定若以三諦來判斷即相當於中諦。

這種理解可透過止與觀對法性的說明來了解。法性是寂（空觀）而又常照（假觀），這種表達方法即顯示空觀與假觀的統一狀態即是法性，從三諦說來看，空觀與假觀的統一狀態稱為中道，因此觀察無記即能了知中道，因此所謂以觀察無記的方法來修非行非坐三昧，必須透過三諦來了知心的真實相，才能得知心即是法界。

結論——四種三昧

修隨自意三昧時，以其中價值最高的善作為觀察的對境，才能開悟的想法是站在漸次止觀的立場談隨自意三昧。其次，若善心一起即觀察善，惡念一動即觀察惡，認為兩者毫無差別，不管是觀察善或惡都能體悟究竟的真理，是從圓頓止觀的立場談隨自意三昧。若以上述兩種止觀所說的善為對境，並且不依照法規或次第來修行，即是從不定止觀的立場看隨自意三昧。

接著整理四種三昧的特徵。從方法來看，四種三昧各個不同，但從理觀（窮究真理的態度）來看，四種三昧皆相同。常坐、常行、半行半坐等三種行法伴隨著各種補助的修道方法，雖是那樣也可能會引發其他修行的障礙，針對這一點，隨自意三昧的方法單純，因此引發的修行障礙也很少。

為了窮盡佛道，單是理解修行過程中出現的種種現象、補助的修行法或是作法的細節等是不夠的，若能對真理有正確的了解，對於方法、作法等各種事項才能圓滿的運作，從而三昧的完整形式、全部的行程才能毫無障礙順利的展開。

關於修行的作法在道場裡面雖然能夠保持，但出了道場就難以持續，隨自意三昧則不論道場內外都沒有區別，因此沒有這方面的問題。修行方法會產生問題的是隨自意三昧以外的其他三種三昧，理觀則是四種三昧都同樣要交涉的。

此外，其他三種三昧皆有勸修，為何隨自意三昧缺乏此項？原文對此作直接的回答，其內容反映了智顗大師的時代觀。智顗大師認為此三昧雖然主張非道（惡）亦能朝向解脫，但對於缺乏宗教資質、煩惱厚重的眾生來說，聽聞此教法後反而沉溺於惡道而不去理解此句真正的意義，從而陷入更大的混亂。

為了更清楚解釋這一點，必須介紹智顗大師當時所見的佛教情勢。當時在淮河以北有修行大乘空觀者，他們最初對善法作觀察，然而經年累月卻不見開悟，於是改為觀察惡法卻體驗出少許禪定境界及似空之義，然而離開悟尚遠，他們完全不理解促使開悟的力量（根）與佛法的關係（緣）乃至佛意，只管將自己邪惡的體悟廣泛傳授他人，其結果是有少許人得到似悟。

當時智顗大師所見的佛教情勢是修大乘空觀者，只從惡的角度去作思惟觀修，然而這就像蟲食木偶然成字一般，離真正的開悟尚遠。

雖然如此，他們卻自認為開悟，以此為事實，主觀的認定其他人的教法是錯的，因此嘲笑真正的持戒修善人，宣揚他人所行之道並非真實，自己則廣行惡法。

尚未能鑑定真理的人無法辨別真偽，所以信服其教法，廣行一切惡事，因此招致一般人以及國王大臣的輕蔑，甚至禁止佛法的流傳，這種邪教深入人心，即使到了現在亦未改善。

《史記》亦有類似記載，例如：周朝末年有人以散髮、亂服、露肩、不尊禮節為理想的生活形態，使國家開始衰敗，最後招致外敵的入侵而亡國。

《晉書》則記載阮籍雖是不世之材卻蓬頭散帶，使公卿子孫爭相仿效，以卑賤男女或小狗的無知舉止為合於自然，視尊尚禮節的作風為村夫愚婦，最後招致西晉的亡國。

北周武帝亦被衛元嵩的魔業所迷惑而相信讖緯、排斥佛教，因此崇尚惡法的結果不但導致毀佛事件也引起朝代的滅亡。

對於智顗大師所見的時代弊端，應注意的是天台宗仍然意識到北周廢佛事件的嚴重，因此從後文的記述亦可發現毀佛事件，正是迫使人們反省正確修行方法的原因，從而說明了《摩訶止觀》並非僅僅強調勤於聞思修的重要性而已。

隨自意三昧的方法之一雖然是觀察惡業，但與前述這些邪行完全無關，惡與隨自意三昧的關係僅止於行者開始自覺到惡，然後才展開種種觀察方法，若非如此即不能成立三昧。

但前述製造惡行的愚人不但沒有智慧也沒有理解力，只是仰慕其師，毫無批判的相信其教誨為正確並且任從情感而行動，任意的追隨快樂而不肯改變其迷惑，因此他們只是沉迷於惡行，對於惡行從無自覺的能力，毫無根據的一味從事惡行者，絕非隨自意三昧所指的修行對象。

佛陀所謂貪欲即是道是指佛陀廣觀一切眾生後，發現有一部分人極為卑賤薄福，無法以善行來修道，將要永遠沉淪，因此教導他們以貪欲為止觀的對境，因此把觀察惡當成隨自意三昧的方法，所以這是行者置身於惡的附近而方便引導眾生開悟的一種教育方針。

另一方面，不喜歡以惡修止觀者，佛陀則教以種種善法而修止觀，因此佛陀同時教導兩種觀法。例如：時局多難，不得不關心政治動向，無法修善時，只能以惡來修止觀。若有修善的環境，則不應背善修惡，否則即是違反佛說，破壞佛法，可說是失佛威光，誤導眾生的大惡人。

隨自意三昧雖然認為不管任何方法都通向菩提，但又強調觀察惡來成就佛道的困難度很高，觀察善而追求菩提才合乎自然，若棄善不顧而一心向惡，則須跨越無數障礙才能窮究佛道。

但現實中的眾生光是通過物質上的險道就已萬分困難，何況行惡而想通往正道，故宜依戒律修身，斷惡向善，才是通往佛道的自然方法。

接著針對易於偏向極端者的心理構造而說明四種三昧的特徵。若檢點人們的惡行，可發現在現象界中充滿了偏邪的惡行。

雖然教他們貪欲心與開悟相連結，但卻不能襲擊一切女性，也不能因為瞋心與開悟相連結而傷害一切男性，實際上，一般人積極追求細滑的皮膚接觸而討厭打拍、苦澀的皮膚接觸。

若喜好其中一方而排斥相反的另一方，可說是偏於一邊的判斷或行動。一般人常具有這種習性，猶如全黑的漆無法展現本具的智慧，因此對於這種不徹底的人，因為常坐、常行、半行半坐三昧的方法較為困難，必須勸修。

隨自意三昧既無嚴格的要求又容許以惡來修觀，因此較為容易，不須勸修，但，就因容許觀察惡行，更須切忌沉淪於惡行而無法自拔。

有人問，四種三昧一一加以修行實屬煩瑣，為何不直接行中道正觀就能圓滿的展開、成就菩提？故提出四種三昧不得不修的理由。

此因一種修行方法無法應付多種的煩惱。光是一個人就有無量的內在煩惱，故所用的對治方法亦無量，何況欲引導的眾生也是無量無邊。因為只用一種方法無法對付所有的煩惱，所以才整理成四種三昧，使眾生能排除障礙、完成菩提。

接著是從眾生的立場來看止觀的思想依據。以善為契機來修止觀是大家都可理解的，從而問題的焦點就被模糊了，若以惡來修止觀而能開悟，則行者在修習時很容易意識到這個問題，惡既然與理相違，有何依據能依之修止觀？故首先用《大智度論》提出四種「根、遮」來解釋眾生的根器，依眾生追求佛道的素質、能力（根）和「遮」蔽此種能力的關係可分為四種組合，其中最重要的是第二種。

1.根利無遮：例如：佛在世時，舍利弗等資質特別優秀的人。這類人，無論如何以善法來勤修止觀，惡業的遮障也不會現起，反而資質更加優秀並且毫無困難的進入真實位。此處的言外之意是，修習佛道時，內在祕含的優越能力才是修習止觀的依據。

2.根利有遮：此段對修行根據解釋得最清楚。罪積如山，應墮地獄的眾生若勸以惡法來修止觀，則本來以其資質不願意學習佛道且非愚鈍者反而因此勤加修習，因為曾經造惡，所以惡業的遮障會現起，又有修止觀的資質，所以總有一天會究竟佛道。因此惡法雖乖於理並不障礙以惡法來修止觀，若具有修習止觀的能力、素質，則能即惡而趨入正道。此段無異說明了根利才是修止觀的思想根據。

3.根鈍無遮：3.及4.是在積極的催促行者修習止觀。行者雖然身口意三業不造惡，持戒修善，其素質、能力（根）卻很鈍，無法學止觀，因此很難開悟。

4.根鈍有遮：不但素質低劣且遍行惡法，又從不修止觀，故絕無開悟希望。

以上說明了開悟的實現最直接的方法莫過於止觀的修習，不管是以善或以惡為對境，重點在於行者的根機，資質、能力優秀者（利根）即使已經行惡亦不妨礙止觀，因此更不應該放棄止觀的修習。因此對天台智顗大師來說，鈍根者是否就無法修習止觀？對於立基在眾生皆能開悟成佛的《法華經》一乘思想而構築自己教學思想的天台宗而言，不無疑問。

【註】

1 六蔽：慳貪、破戒、瞋恚、懈怠、散亂、愚癡。

感大果

大意章的第三是感大果，為修習止觀所獲得的果報。因所修的止觀方法不同，所證得的果報也不同，最殊勝的真正果報是證得中道正觀，若墮於極端，例如：只證得空觀或假觀，其果報也是不圓滿的，故以中道觀的修習最為理想。

實際上若修中道觀，即使尚未斷除見思二惑，所獲得的果報也遠勝於人、天、二乘乃至藏教的菩薩，若僅斷除見思惑，則能得《大智度論》所說眾香城[1]以上的境界。

其次，指出《次第禪門》的修證與《摩訶止觀》果報之同異。在修習禪法時，能獲得相應於禪法的果德，這種同類因導致同類果的關係容易清楚顯現。

然而修習止觀與證果的關係卻不明顯，為使人容易了解，現僅就所知來舉例，如三觀三諦所說，雖然觀空（因）卻不一定只有了解空義，也能同時把握假、中二諦（果），因此修習止觀時，不一定有同類因導致同類果的關係，故不稱之為修證而稱為果報，其理在此。

另一不同點是，修禪法而證果稱為習果，是現世可證得的，而止觀所得的果報是來世才能獲得的。此處也就來世才能獲得的看法加以推測，所謂來世才能獲得應該是就四種佛土說而主張的，也就是眾生依其所悟道的內容而生於相應的國土，即：凡聖同居土、方便有餘土、實報無障礙土、常寂光土。

凡聖同居土屬於人天與二乘者，方便有餘土屬於斷除見思二惑、超越三界者，實報無障礙土屬於悟得中道的菩薩，常寂光土則屬於斷盡一切煩惱，得證究竟智慧的諸佛如來。因此勤修止觀之時，依其所修的程度而各自生於相應的國土，所以說果報是在來世。

【註】

1 《大智度論》說，眾香城的人猶如鬱單越洲（意即「勝處」）人，眾香城是以曇無竭菩薩（法盛）為法王，眾香城也是因為曇無竭菩薩想精進於般若波羅蜜等因緣而出現，曇無竭菩薩以神通力化作華台，又以方便力行種種道引導眾生。

裂大網

大意章的第四裂大網，所謂「網」是指眾生的煩惱，亦即無數的煩惱必須用止觀的大修行才能裂破的意思。修習止觀而深入觀心時，即能開發智慧通達無數的教法，亦能應眾生的根機而說法，故止觀的行者應識知止觀的眾多利益。

歸大處

大意章的最後一項是旨歸，旨歸就是「教意所趣，修證所歸」，指修道的根本旨趣。現實的眾生無法正確的理解止觀的教學思想，卻自以為所了解的是正確的而互相排擠，猶如手握乾涸河床的小石子卻誤認為是琉璃。對於身邊的事，尚無法用言語理解，何況高遠的真理、深遠的教法，更是全然不知。故須說明修證所歸及應歸向的真理內容，否則如同河水流入大海，不知所趣，或火焰在空中飛舞向四方擴散一般，不知置身何處，故論旨歸也就是要達到真理之究竟，具體的說，即是「法身、般若、解脫」三德。

旨者，自己趨向三德；歸者，引他人共同證得三德。接著，用總體、個別的觀點來解釋三德。

從總體來說，諸佛出現世間的一大事因緣，就是示現種種形相度化眾生同證法身德，又佛陀說種種法是為了使眾生達到一切種智與佛同證般若德，又佛陀示現種種方便、神通變化，廣度眾生離諸煩惱束縛與佛同證解脫德。因此行者應歸向的究竟境地即是佛陀教化眾生的目標——同證法身、般若、解脫三德。

從個別的觀點來看，更詳細以三德來解釋究竟的境地。身有：色身、法門身、實相身。若論佛陀於人間度化，八十歲示現涅槃即是祕藏三德、顯示歸趣（進入無餘涅槃）。色身歸解脫德，法身歸般若德，實相歸法身德。

從般若來說，智慧分為：一切智、道種智、一切種智。從佛陀示現無餘涅槃來看，道種智歸解脫德，一切智歸般若德，一切種智歸法身德。若論解脫也有三種：解脫無知的束縛、解脫相上的執著、解脫無明的束縛。若以佛陀示現滅度歸入實相真理來說：解脫無知的束縛是歸解脫德，解脫相上的執著是歸般若德，解脫無明的束縛是歸法身德。

其次從行者的立場來理解，身雖然分為「色身、法門身、實相身」，但卻不應從形式上來了解，而是「非三非一」，不偏於一方的去了解。應以究竟三身來認知或是以法身來理解才能夠窮盡其義，這並無硬性規定，應是超越眾生的思議、分別，難以用語言來思惟。因此，行者也應理解這種特性才不會陷入極端。

前面敘述三德的究竟境地是超越眾生的思議、分別，故只能以不可思議來表達，此處再用不二、相即的關係來論說一切法。

以「法身、般若、解脫」三德來表達真實相並以障礙、否定三德的「無明、取相、無知」三障來對照時，從「事」的一面，亦即現實的角度來看，兩者有新舊、始終、總別、縱橫、開合等差別，故在教理上有不同的位置，從「理」的一面，亦即真理的角度來看，處於兩個極端的三德與三障不應該主張自己與另一方是不同的，可說兩者的存在是相即、不二的關係，此即真實境界的根源。

所謂的三德，不能說它是新或舊，同時又可說它是新和舊的，若將三障對照三德，可發現無明妨礙法身，取相妨礙般若，無知妨礙解脫。而三障是先出現於三德之前，故說三障是舊的，三德能破三障，故說三德是新的。

因此從「事」的一面，亦即從現實的一面來看，三德與三障之間有新、舊、前、後的關係，從「理」的一面，亦即照見真實時，三障即是三德，三德即是三障，因此能避免三障是舊，三德是新的極端看法。更進一步說，三德是非新非舊，亦新亦舊，三障亦是如此。而三德與三障皆不能排除對方而主張自我，而是彼此有不二、相即的關係。若以眾生的分別，即以常識判斷，無法理解這種究竟境地。

此處以三德及相反的三障來說明一切看似對立的法，其究竟相是不二、相即（所謂不二、相即，指煩惱的實相即是菩提，菩提的無自性等同煩惱的實性）。

接著再用「旨歸」一詞解釋究竟處的內在性格。所謂「旨」其實包含了「旨、非旨、非旨非非旨」三個層面，「歸」亦包含了「歸、非歸、非歸非非歸」三面。「旨」是「自行」，亦即歸向真理，以悟為期，慣用的語詞是自利的態度；「非旨」則為「化他」，亦即教化眾生；「非旨非非旨」即自利利他皆圓滿成就之意。因此旨歸（應歸向的究竟處）是自利利他皆圓滿實現的境地，亦可用三德表達。

旨歸雖以三德來表示，但有其極限，因此拘泥於三德反而會障礙對究竟處的圓滿詮釋，故可用「中道、實相、法身、非止非觀」或「一切種智、平等大慧、般若波羅蜜、觀」或「首楞嚴定、大般涅槃、不可思議解脫、止」等來解釋。實際上，究竟處的表示方式有很多種，例如：示現種種相使眾生見到法身，或說種種法使其了解般若，或以種種方便、神通使其解脫，但若窮究下去，皈依的究竟處是無法用語言來表現的，也就是超越論理的境地，也可說是心行滅處；換句話說，乃是思議或分別性的思惟都不能適用的境地。

根據上述，是把究竟的境地以三德來表詮，其次又說光是三德無法完全表達究竟境地的內在性格，最後又以「言語道斷，心行滅處，永寂如空，是名旨歸」作為結論，以天台宗的慣用解釋來看，所謂的究竟處以及關於三德的一連串解釋，應該就是指諸法實相，但是後文又指出言詞無法表詮之處，亦即言語亦有其極限，其言外之意為何？應該是指透過宗教的實踐才能完全得知實相！

旨歸部分，雖然第十章並未廣說，但從內容來看，《摩訶止觀》最重要的第七章正修章中，十境的第一陰入界境所論及的觀不思議境與此處趣意相同，有名的一念三千亦提到一切法的究竟處是不二、相即，以一念三千來表達諸法實相與旨歸所說的是相同的，因此旨歸的說明雖然簡潔，卻是《摩訶止觀》的重要結論之一，亦即止觀的行者最終所得的悟境之內在真相（實相的究竟處）由此可以得知。

第二章◆釋名

說明止觀的含義，
以「相待」、「絕待」、「會異」、「通三德」等
四種顯示止觀的深廣。

解釋止觀的名稱

解釋止觀的名稱，可以從：一、相待的意義；二、絕待的意義；三、止觀的不同名稱；四、止觀與三德的關係分段說明，現在依相待的角度解釋其內容。

一、相待的意義

所謂相待，彼此可看到形狀為「相」，以他人來看自己為「待」，如長短大小等都是因彼此的相對比較而有，而相待的止與觀各有三項意義。

止有三種：息義、停義、對不止義。

息義者，止息所有的惡念、感受、妄想，使心寂靜於清淨念中，如《維摩經》上說：「何謂攀緣？心緣三界，而無所得。」雖然處於欲界、色界、無色界中，但對於三界相都能不貪、不染、不著。

停義者，心緣真理實相，繫念現前，停住不動，如《仁王般若經》說：「能入般若之理，名為住。」《大品般若》說：「以不住法（現象），住於般若波羅蜜中。」

對不止義者，從語言解說上與前二者相通，息是對不息、停對不停，現在「對不止」是以無明相對法性來說。前面二止都有一智一斷，從斷邊有智來說，是斷除生死、成就涅槃，從智邊有斷來說，能從內心去實踐真理即是般若智慧，因此，斷名為息，智名為停，智慧是能斷（煩惱），斷除是所斷（煩惱），這是與前二者相同之處。

現在從真理實相的角度來論相待：無明即法性，法性即無明。無明本是因緣無自性生，所以無明即是法性，而法性的無自性、無主宰義也蘊含在無明中，如經云：「法性非生非滅，而言法性寂滅；法性非垢非淨，而言法性清淨。」以上是止的息、停、對不止義。

觀也有三種：貫穿義、觀達義、對不觀義。

貫穿義者，利用智慧，穿滅煩惱，如《法華經》：「穿鑿高原，猶見乾燥土；施功不已，遂漸至泥。」

觀達義者，觀智通達，契入真如，如《瑞應經》：「息心達本源，故號為沙門。」《大智度論》：「清淨心常一，則能見般若。」

對不觀觀者，語言說明如同前二觀，但意義上有所區別。前兩觀，以生死綿密論貫穿義，以迷妄論觀達義。今解說「對不觀觀義」是從無明即法性，法性即無明的觀點來論說。無明當下，非觀非不觀而喚無明為不觀，法性也是非觀非不觀而喚法性為觀，如經上說：「法性非明非暗，而喚法性為明；第一義空，非智非愚，而喚第一義空為智。」

二、絕待的意義

絕待的止觀可從橫破、豎破兩個角度來論述。

橫破者，破修止觀中，對止息義、停止義、對不止義產生自生、他生、共生、無因生等偏執，如龍樹菩薩在《中論》論述中道實相的偈語：「諸法不自生，亦不從他生，不共不無因，是故知無生。」

豎破者，從生生、生不生、不生生、不生不生等四項來說明。不斷的生死輪迴，名「生生」，無止觀意。破除生死的生而進入涅槃，名為「生不生」。從真理實相（空）中廣作佛事，名「不生生」。如登地的菩薩於人間興建水月道場，大作空花佛事一般。不入生死、不著涅槃、不著兩邊，名「不生不生」。

真正的絕待止觀是超越橫破、豎破的層面，超越人為思議的角度，超越惑、業、苦三道也超越教理、觀行、證相，更超越有為止觀、生死的止觀、思議的止觀，非言語可說，非心識可解，無名無相，是名絕待止觀。

絕待止觀又名不思議止觀、無生止觀、一大事止觀，譬如虛空，不因小空，名為大也。止觀也是如此，不因愚亂，名為止觀，無可對待，獨一法界，故名絕待止觀。如《維摩經》云：「諸法不相待，乃至一念不住故。」換言之，絕待止觀是佛法的全一世界，是真理實相的智慧也。

三、止觀的異名

止觀的異名在諸經論中或稱遠離或名不住、不著、無為、寂滅、不分別、禪定、棄、除、捨等都是「止」的不同名稱，而稱知見、明識、眼覺、智慧、照了、鑑達等都是「觀」的異名。

四、止觀通三德

三德指法身德、般若德、解脫德。止觀與三德共通者：止是斷除的意思，與解脫德相通；觀是智慧，與般若德相通；止觀者，是捨離一切相，與法身德相通。

又，止息止是止的善，禪定門所攝，通解脫德；停止止是行善，觀門所攝，通般若德；非止止，是義理所攝，通法身德。而貫穿觀是止的善，禪定門所攝，通解脫德；觀答觀是行善，觀門所攝，通般若德；非觀觀則是義理所攝，通法身德。

以上是釋名章中，對止觀名稱的四種簡單論述。

第三章◆體相

所詮釋的道理，名之為「體」；
分別權實、大小不同，名為「相」。
即顯示止觀的教相、智眼、境界、得失等。

釋止觀體相

明教相

解釋大意、解釋止觀的名稱後，接著是解釋止觀的體相，解釋止觀的體相可分：教相、眼智、境界、得失等四項。真理實相必須藉由教法來彰顯，教法眾多，只有以相來顯示，而說明教相進入的方法、道理又有不同，故以眼見之智慧來分別，真理實相又有方便與真實之別，故須用境界來分高低，而人在認識真理時會有取捨之別，所以會有得失相。

說明教相又從次第止觀及圓頓止觀的角度來說明，首先論止觀相的意義。假使凡夫能不造作殺、盜、淫、妄等惡的行為，是止住惡的善，是名止相；能有放生、布

施等行為，是行善所生，是名觀相。又，四禪、四無量心是止相；六行觀是觀相。四禪各有「一心」的功德，故是止相；「慈」給人快樂，算是觀相；「悲」拔人痛苦、「捨」是去執，屬止相；「喜」心兼具止觀。六行觀是「厭下苦粗障，欣上靜妙離」，通稱為「觀」。這些修持還不能脫離生死輪迴，所以是有漏、有為相。

二乘所修的九想、十想、八背捨、九次第定是屬事修的禪法，皆是止相。這些修持的內容雖然出離生死，但以滅色入空的方式得度，是一種灰身滅智[1]，故是止非觀。今從次第三觀的內容來說明其教相，次第三觀有：體真止、方便隨緣止、息二邊分別止及二諦觀、平等觀、中道第一義諦觀。

體真止

所謂體真止，知世間一切是因緣假合，如幻化、虛空，故名為體，攀緣妄想，若知一切是沒有自性（空）就能止息一切妄想，當下是空，空即是真理，故說是體真止。

蓋小乘雖以無餘涅槃為真涅槃，然大乘則視之為一種方便施設，須經八千六百四十二萬十千劫，而後於他方淨土蒙佛度化。

說明止觀的教相含三止三觀，已介紹當體即空的體真止，接著繼續說明其他的內容。

方便隨緣止

止的第二項是方便隨緣止，聲聞、緣覺、菩薩都可以依止修持而悟道，所證得的真理是相同的，但論煩惱、習氣，就有斷盡與沒有斷盡之別。假使二乘人因修體真止而悟道，就不須要再應用方便隨緣止了，而菩薩應用方便隨緣止入世俗度化眾生，知一切法相雖空，但有其實質業用，故說是方便，又因能善知、分別眾生根機利鈍而應病予藥，所以是隨緣，心能安於世間，不為世間煩惱所動，故說是止，以上是方便隨緣止的意義。

息二邊分別止

從生死流動的此岸趨向涅槃解脫的彼岸，都是離世間而偏離出世間的行持作用，所以不能直入中道義，今了知世間即出世間、出世間即世間，不著兩邊，是名息二邊分別止。

體真止、方便隨緣止、息二邊分別止等三止名稱是依其意義來立名，與前面解釋止的意義（止息止、停止止、非止止）相同，但其相貌不同。

體真止的意義中，因緣假合而空無自性，止息流動的惡念惡行就是「止息止」，將止心安於無自性空理上而了達因緣假合的意義即「停止止」，真理的本身沒有所謂止與不止的分別就是「非止止」。

方便隨緣止的意義中，觀照世間假相，清明自在，止息無知的散亂心，即是「止息止」；以不執著無分別的心對眾生應病予藥，就是「停止止」；於世俗諦上，隨緣應化而不會被五欲所動心，就是「非止止」。

息二邊分別止的意義中，於生死涅槃之相皆不會執取，是名「止息止」；住於般若智慧中而心緣中道實相的理，是名「停止止」；於中道的理體，安住不動，超越止與不止之別，是名「非止止」。

在體真止、方便隨緣止、息二邊分別止之三止中，分別具有止息止、停止止、非止止的內涵，所以兩者在名稱意義上似乎是相同的，而在應用的相上彼此是息息相關的。

以上，是體真止、方便隨緣止、息二邊分別止的內容與止息止、停止止、非止止的關係。

已介紹「止」的部分，接著說明「觀」的內容。

出自《瓔珞經》的觀名有三種：二諦觀、平等觀、中道第一義諦觀。

從世間假合之相體悟真空妙理是名二諦觀；從空無自性的理體隨緣度化眾生是名平等觀；二諦觀與平等觀是度化眾生的權巧方便，更應該雙照前二觀直入中道，讓心寂靜，自然流入般若法海中，是中道第一諦觀。

二諦觀

所謂二諦觀即觀察世間萬象（俗諦）都是生滅無常、變化不定，從中體悟空無自性、緣生緣滅的道理而出離世間的煩惱（真諦）是名二諦觀。

為什麼要有二諦觀？所說二諦者，觀世間假合之相（俗諦）而體會無自性空理

（真諦），以觀假來體悟空，故必須立二諦，而且在體會空無自性的同時也認識世間假合之相的本質，如同撥雲見日一般。

又，凡夫容易對世間（俗諦）生起執取、染著，故須用真諦的空來破除，所以有二諦觀；即凡夫執取煩惱的根源是所破之境，故說俗諦觀；無有自性、非實有的本質用來明了真實的相貌，故有真諦觀；破與用和合，故有二諦觀。

二諦觀可分為三種：1.依教理來說有隨情二諦觀。2.從實踐門來說有隨情智二諦觀。3.從體證果德來說有隨智二諦觀。

隨情，隨順物情或隨眾生意。如凡夫心所見世間皆為實有，名為世俗諦，有出離心的人見世間皆是空無自性的真諦，所以隨順眾生的根性而立，名為隨情二諦觀。

世俗諦屬於有情世間，真諦第一義的無自性屬於智慧的觀照，情與智的和合是名隨情智二諦觀。若能證悟實相，二諦皆是空無自性，只是因緣相、名稱不同而已，若能如此體會觀照即是隨智二諦觀。

此二諦觀是最初行人觀照的方法，屬於藏通二教（聲聞、緣覺的二乘行人修道內容）的範圍，雖然尚未完全契入真理實相，但隨教理的深淺、實踐的層次而論二諦觀。

平等觀

已介紹二諦觀，接著說明平等觀。

從空入假名平等觀，是從度化眾生的角度來說的。知道真諦也是不能執取，故從空義中以權巧方便度化眾生而應病予藥，故說「從空出假」。

所謂平等是針對前面二諦觀所說的，二諦觀是破除凡夫對世間假合的執著，所用為真諦之理，破俗諦顯真諦，以一破一的方式，不能稱為平等。今平等觀破除對真諦執取的空病外，還用假合的俗諦相來廣度眾生，故說平等。

二諦觀如同盲人初得眼明，雖能見一切色，但不能分別種種花草樹木的根莖枝葉是藥或是毒？但是平等觀不但能見一切色，並能分別種種草樹木的根莖枝葉等因緣、粗細、藥食等的應用，故名為平等觀（根莖枝葉譬喻為信戒定慧，於藏通別圓四教都有）。

中道第一義諦觀

二諦觀是觀假入空，是空生死執；平等觀是從空出假，是空涅槃執；中道第一義觀者，兩邊皆雙遮雙照，是二空觀，契會中道，故說心心寂滅，流入薩婆若（般若）海中。

又，二諦觀以空為用，平等觀以假（方便）為用，入中道時，能雙照此二觀。故經上說：「心若在定，能知世間生（俗諦）滅（真諦）法相。」

從次第三觀的立場而言，二諦觀是二乘及通教菩薩所觀，定多慧少，少見佛性；平等觀是菩薩所修，定多慧少，少見佛性。前二觀是方便，應入第三中道第一義觀才能了了明見佛性。

或有言：經上說「十住菩薩以慧眼故能見空」，非全部不見真理，初觀（二諦觀）是慧眼位，第二觀（平等觀）是法眼位，為何說此二觀不見佛性？依次第來說，此二眼（二諦觀與平等觀）偏定、偏慧，俱不見性。《涅槃經》上說「十住菩薩依慧眼能見空」，是借別教之名而說的，依圓教教義來說，十住菩薩以上實是佛眼，譬如

《法華經》：「願得如世尊，慧眼第一淨。」世尊的究竟尚稱慧眼，而十住菩薩又如何能稱慧眼？佛的慧眼能見畢竟空，空即是中道第一義諦，慧眼即是佛眼也。

前文提到十住菩薩的慧眼與佛的慧眼的差別，今再以譬喻作說明。

《大般若經》第八說：譬如遠觀空中有鶬雁，你見到的是虛空還是鶬雁？彷彿見到但又不清楚，十住菩薩於如來性少分知見也是如此。又如《法華經》的譬喻：「譬如有人穿鑿高原，惟見乾土，施功不已，轉見溼土，遂見至泥，後則得水。」乾土如同初觀（二諦觀），溼土如第二觀的平等觀，泥如中道第一義觀，水如同圓頓觀。

若從四教教義來論：三藏教，不能契會中道義，如同乾土。通教如溼土，別教如泥，圓教能詮中道義，如水。三藏教以眾生為高原，習觀為穿鑿，證理為清水。通教以乾慧為乾土，性地為溼土，見真為清水。別教以空觀為主，假觀為溼土，見中道為清水。圓教以五品為乾土，六根清淨為溼土，初住為清水。藏通二教，如同乾溼土，全未有水；別教如泥，教道雜故，不名清水。且藏通二教的觀行，空觀及假觀偏空慧眼，未能見性。

空觀、假觀、中道觀，三者是同還是不同？又與前面所說「觀」的意義，貫穿義、觀達義、非觀觀義有何不同？

若以貫穿義、觀達義、非觀觀義與三觀作比對的話，二諦觀是貫穿觀，平等觀是觀達觀，中道觀是非觀觀。

若從體相用來解析，三觀皆具三義。二諦觀的「用」能破除四住地[2]煩惱，是貫穿義；從相而言，二諦所入的空，空即是理，是觀達義；從體來說，空理本身即是非觀觀義。平等觀從「用」來說（自利），識假名法，破無知障，是貫穿義；從相來說（利他），照假名理，分別無謬，是觀達義。從體來說（自他不二），假理常然，是非觀觀義。中道觀從應用來說，空於二邊，是貫穿義；從相來說，正入中道是觀達義；從體來說，中道法性是非觀觀義。

說明三止、三觀的意義，是《大智度論》所說，依次第來說明其相貌。若論三觀則有權實、深淺的不同，若論三智也有優劣、前後之別，若論三種行人則有根機、大小之不同，非《摩訶止觀》（圓頓止觀）所應用的觀法。

圓頓止觀，一止中含三止的內容，一觀中也含三觀之觀法，一境中含有三種境相，沒有權實、大小、優劣、前後之別，所以《中論》說：「因緣所生法，即空、即假、即中。」又如《金剛經》云：「如人有目，日光明照，見種種色。」

圓頓止觀的相貌如何？體會無明顛倒即是實相的真實，名「體真止」。這樣的實相遍一切處，隨因緣境安心不動，名「方便隨緣止」。生死涅槃都沒有自性，沒有動亂，念念寂滅，名「息二邊分別止」。

體會一切的現象都是因緣假合而有，無有自性故空，空即是實相，名「入空觀」。悟此空理能知世間生滅法相，如實而見其用，名「入假觀」。如此空慧即是中道，空假無二無別，名「中道觀」。

又體悟空理之時，能止住五住地煩惱[3]，名止息義。心緣中道之理，入實相智慧，名停止義。實相之性，即非止、非不止義。

又此一念能穿破五住地煩惱，通達實相，實相非相，亦非不觀，但在一念心中，不動真際而有種種差別，如經上說：「善能分別諸法相，於第一義而不動。」

圓頓止觀，相待、絕待皆不可思議，因不可思議故無有障礙，沒有障礙，具足無增無減相是圓頓教相，顯止觀之體也。

【註】

1 灰身滅智：肉身焚燒成灰且心智已滅除之意，亦即將身心悉歸於空寂無為之涅槃界。此乃小乘佛教最終目的之無餘涅槃，若斷盡三界之煩惱即可證有餘涅槃，而灰身滅智則證入無餘涅槃。

2 四住地：指見一切住地、欲愛住地、色愛住地、有愛住地。天台宗則以見一切住地為見惑，第二、三、四為三界之思惑，總稱為界內見思之惑，二乘人斷之而出三界。

3 五住地煩惱：即見思無明之煩惱，有：見一切住地、欲愛住地、色愛住地、有愛住地、無明住地等，稱為五住地惑。(1)見一切住地，即身見等三界之見惑，入見道時，併斷於一處。(2)欲愛住地，即欲界煩惱中，除見、無明，而著於外之五欲（色、聲、香、味、觸）之煩惱。(3)色愛住地，即色界之煩惱中，除見、無明、捨外之五欲而著於一己色身之煩惱。(4)有愛住地，即無色界之煩惱中，除見、無明，捨離色貪而愛著己身之煩惱。(5)無明住地，即三界一切之無明。無明為癡暗之心，其體無智慧，是為一切煩惱之根本。

明眼智

解釋止觀的體相中，第一項說明三止三觀的教相，接著說明三止三觀與三眼三智的關係。勤修止觀必然會開發慧眼[1]，證得般若智慧，現在依三止三觀的修持來比對所證得眼智的果德。

三止中，體真止，因止住妄念使煩惱不生而引發禪定，而證得無漏開發慧眼，見真諦第一義。方便隨緣止，從真諦的空理中，以不妄動的心證得陀羅尼（總持諸法）並以陀羅尼的智慧還入世間應病與藥，度化眾生；開發法眼破除無知的障礙，常在三昧（以定為體，以慧為用）中，能別於凡夫、二乘的見解，見諸國土。息二邊分別止，則生死與涅槃、空與有雙雙寂滅，發中道定，開發佛眼，成就中道三昧。故，體真止開發慧眼，方便隨緣止開發法眼，息二邊分別止開發佛眼。

三觀者，從假入空觀，空慧相應，破除見思惑，成就一切智。從空入假觀，能善知應病與藥的種種法門，破除塵沙惑，成就道種智。中道觀，雙遮空有，入中道方便，破除無明惑，成就一切種智。所以，三止三觀共成三眼三智，各別證成果德。

依上面所說，眼能見道，智能知道，那麼，這知與見有何不同？（此處的道是指真理。）凡夫是無修無證，所以不能「見道」，也不聽聞佛法，所以「不知道」；二乘人因有修故有證，所以能「見道」，也因聽聞佛法，所以能「知道」。辟支佛（獨自覺悟的聖者）因有修有證能「見道」，但沒有聽聞佛法，故「不知道」。方便道人因聽聞佛法所以「知道」，但尚未證悟，所以「不能見道」。

又，一般的信行人（依信仰而修行的人）因聽聞佛法而有智慧，因有智慧而證入無漏，得一切智。此種智慧是因為聽聞而來，故稱智知。法行人（依佛法義理而修行的人）思惟得定，因禪定引發無漏、成就慧眼，此眼因禪定而證得，故稱眼見。知與見同證真諦，從止觀之因而修得，故言知見。其餘二眼二智也是如此。

前面已分別三眼與三智的關係，若論一心具足三眼三智，次第就不同了。如前所說，止就是觀，觀就是止，兩者無二無別，故，眼就是智，智就是眼。由眼來論見，由智來論知，知就是見，見就是知。

但佛眼是例外的。佛眼具足五眼，佛的智慧具足三種智，佛的智慧猶如王三昧、一切三昧，都入佛眼中，如攝一切定的首楞嚴定，如《大品般若經》云：「欲得道慧、道種慧、一切智、一切種智，當學般若。」

《金剛經》云：「如來有肉眼否？」有！乃至佛具有五眼。所謂肉眼，為肉身所具之眼，能見世間一切粗細的物質。天眼，為色界天人因修禪定所得之眼，此眼對遠近前後、內外晝夜上下悉皆能見。慧眼，為二乘人之眼，能識出真空無相，亦即能輕易洞察一切現象皆為空相、定相。法眼，即菩薩為救度一切眾生，能照見一切法門之眼。佛眼，即具足前述之四種眼作用之佛眼，此眼皆見道、知道乃至無事不知、無事不聞，聞見互用，無所思惟，一切皆見，故經上說：「五眼具足成菩提，永與三界作父母。」

為何獨稱佛眼具足三智？依佛眼來說，佛的智慧觀照空理，如二乘人所見，名「一切智」。佛的智慧觀照世間假合之相，如菩薩所見，名「道種智」。佛的智慧觀照空理、俗諦理、中道諦理，皆如實見實相，名「一切種智」。故說三智一心中得，其他的一心三觀所成的三智所了知不可思議的三境也是如此！

【註】

1 慧眼：了知諸法平等、性空的智慧，故稱慧眼。法眼能見一切法之實相，故能分明觀達因緣、眾生等差別法。佛眼指諸佛照破諸法實相而慈心觀眾生之眼。

明境界意

從止觀的體相中說明第三項境界，依因緣可分為三種：

（一）隨情說：隨順眾生的根機而說。如同盲人無法認識牛乳，凡夫愚蠢情執重，不知道三諦理，諸佛因大悲方便而為眾生有所分別。

（二）隨情智說：即隨自他意說。如同證入相似位的人雖然獲得六根清淨，但還不能發真正的無漏智慧、見中道諦理，這是屬於情的部分。假使進入初住位後，能破無明惑，了了見佛性，雙照二諦理，方能稱為智，依此情智和合即是隨自他意說。

（三）隨智說：初住以上的菩薩已經證得不退轉位，所聞所見皆非一般二乘人所能知道，是聖者所證的境界，故隨智說三諦，如《法華經》說：「唯佛與佛乃能究盡，言語道斷，心行處滅。」

以上三種各具四種悉檀（四種教化方式）的應用。雖然真理實相無法用語言表達清楚，但要說明它的含意也必須假借語言來說，而語言的應用是說了必須要讓對方歡喜。有人聽到真理就心生歡喜，或者有人聽到世間法的應用就心生歡喜，或有人聽到中道的真理就心生歡喜，這就是隨情中應用「世界悉檀」的意思。

施設度化眾生的方便各有不同。或有人聽到空義就心生歡喜，戒慧增長，或有人聽到世間的道理（俗諦）就心生歡喜，戒慧增長，或有人聽到中道的道理就心生歡喜，戒慧增長。這是隨情中依各人的根機施設方便，所用「為人悉檀」的意思。

行人中，依各人的根性破除煩惱習氣的方法也有所不同。或有人聽到俗諦理能破除睡眠、覺觀的煩惱，或有人聽到真諦理能破除睡眠、散亂的煩惱，或有人聽到中道的道理能破除睡眠、散亂等煩惱，此即隨情中，應用「對治悉檀」的意思。

行人中，因眾生因緣根機的不同，悟入真理的方式也不同。或有人聽到真諦理而心開意解，或有人聽到俗諦理超然悟入，或有人聽聞中道諦而徹悟，觀心法門的應用也是如此，這就是隨情中應用「第一悉檀」的意思。故《法華經》云：「佛知眾生，種種欲、種種行、種種性、種種憶想分別」就是這四種意涵。

種種欲是隨順世間的世界悉檀，種種性使人生善的為人悉檀，種種行是根除煩惱的對治悉檀，種種憶想是使眾生進入實相的第一義悉檀。佛陀教化即是隨眾生的喜好、眾生的根性、眾生的煩惱，為趨入究竟無為境地而說法，隨情說三諦、隨情智說三諦、隨智說三諦的說法也是如此。

介紹完止觀中三種的境意，繼續說明境界與智慧的關係。首先說明佛法的境相，再闡釋智慧的內容。說明佛法的究竟境界，依藏通別圓四教的層次，各有所不同。

藏教

藏教是修行的最初方便，從俗諦來說，釋迦菩薩初發心，一心緣真諦理調伏四住[1]煩惱，在三大阿僧祇劫修六度萬行，使功德圓滿，百劫修相好獲得五神通，得法眼智照見俗諦，分別眾生根性調熟眾生，廣作佛事。

從真諦來說，菩薩坐道場，三十四種剎那心[2]斷見思煩惱惑盡！又經上說：「一念六百生滅。」《成實論》說：「一念六十剎那，只是一念，從假入空，證得慧眼，照見真諦而得成佛。」

菩薩偏重觀照俗諦，二乘人偏重觀照真諦，只有佛能兼具觀照真諦與俗諦，更加中道第一義諦。

三藏教中有二諦已是方便，於二諦上更加中道，是方便上更加方便，為了照見此諦內容更加施設佛眼，而且為了知道此諦真理，再加一切種智之施設，所以以上所說是三藏教中，二諦、三諦的離合之相。

上面介紹藏教的智慧種類離與合的關係，現接著說明通教的情況。

通教

通教是三乘人（聲聞、緣覺、菩薩）同修般若，共觀因緣即空的道理，所斷的煩惱、所證得的智慧與階位皆相同，因為通教教化的對象是以菩薩為主，傍化二乘。

假使論真諦的離合關係，俗諦相同但真諦有所不同。《大智度論》說：「空有二種，一者但空，二者不但空。」《大般若經》說：「二乘人只見空，不見不空。有智慧的人不但能見到空義，又能見到空顯現在事相上的用（不空），不空即是大涅槃。」二乘人的智慧如螢火般的微小，但菩薩的智慧如太陽般的明亮。

這是什麼原因？二乘人體會世間假合之相而入真諦，只入但空，不能從但空中再觀假合之相的用，所以不具足度化眾生的善巧，而菩薩不但能體悟假合之相的無自性空義，更能從空義中，再善用假合之相的用而廣度眾生，以清淨佛土。

但空與不但空論「合」時，只是一真諦相，論「離」時，分兩個真諦，與三藏教不同。三藏教的第三諦——中道，只有名稱沒有實體，所以沒有特別眼與智的分別。

但在通教中，第三諦也是真諦，也叫中道、第一義諦，是有自己體性，可以見道、了知，這是通教的二諦、三諦離合之相。

別教

別教說明二諦與前面的藏教、通教是完全不同的，藏教與通教的真俗二諦是別教的俗諦。俗諦是指世間有無的一切現象，凡夫是俗諦所含攝，二乘是真諦所含攝，二者是從世間的有無上去分別，所以在別教來說，還是屬於俗諦的範圍。如《大般若經》：「我與彌勒共論世諦，五百聲聞以為是真諦。」（菩薩的俗諦，二乘以為是真諦，如華嚴會上，二乘聽聞佛陀說法，如聾！如啞！）

別教若論二諦，不設俗諦，若作三諦，設有為俗諦、無為真諦，對不但空立為第一義諦，是為別教離合之相。

圓教

圓教者，如《大般若經》上說：「實是一諦，方便說三。」《法華經》說：「更以異方便，助顯第一義。」也就是說，一諦、二諦、三諦是圓教的離合之相。

之前以縱的方式論述四教對於二諦、三諦的離合關係，今再從橫面角度，以四種四諦來論四教的境界。

四種四諦即是生滅四諦、無生四諦、無量四諦、無作四諦。這四種四諦分別代表藏教、通教、別教、圓教的修持內容。

生滅四諦

生滅四諦是三藏教主張因緣生滅之實有，認為苦、集、道三諦依因緣而為實有之生滅，滅諦亦可視為實有之滅法，亦即指立於實生實滅上之四諦。即：1.苦諦：苦，逼迫之義；有三苦、八苦等。即觀色、心等諸法之無常逼迫而知生死實苦。2.集諦：即觀煩惱惑業實能招集生死之苦因。3.滅諦：即觀涅槃之理而將生死之諸苦歸於寂滅。4.道諦：即觀戒定慧而斷盡惑業，生起正智以證入涅槃。

無生四諦

無生四諦是通教之說，認為因緣諸法，悉皆幻化，當體即空而無有生滅，以此觀苦集滅道四諦，故稱無生四諦。1.苦諦：謂觀一切生死皆空而無逼迫之相。2.集諦：謂觀一切惑業皆空，無有和合，不生苦果。3.滅諦：謂觀因緣諸法皆空，昔本無生，今亦無滅。4.道諦：道，即戒定慧之道。謂觀一切道行也，都是無自性空，能對治之道泯亡不存。

無量四諦

無量四諦是別教之說，認為三界內外有恆沙無量的差別相，此無量法門乃菩薩用以度化無量眾生者，聲聞緣覺等二乘雖有智眼也不能知、不能見，唯有菩薩能通達此法。1.苦諦：即菩薩能知見眾生之苦有無量之相。2.集諦：即菩薩能知見眾生之惑業能招集苦果，亦有無量之相。3.滅諦：即菩薩依方便正修而證入涅槃寂滅之理，有無量之相。4.道諦：即菩薩所證得之諸波羅蜜有無量之相，此無量道法能自利利他，救度無量之眾生。

無作四諦

無作四諦是圓教之說，主張迷悟之當體即為實相，認為大乘菩薩圓觀諸法，事事即理而無有造作。1.苦諦：謂觀五陰十二入等法皆即真如，實無苦相可捨。2.集諦：謂觀一切煩惱惑業性本清淨，實無招集生死之相可斷。3.滅諦：謂觀生死涅槃體本不二，實無生死之苦可斷亦無涅槃寂滅可證。4.道諦：謂觀諸法皆即中道，離邊邪見，無煩惱之惑可斷亦無菩提之道可修。

《中論》合此四番四諦，說：「因緣所生法」者即是生滅四諦，「我說即是空」即無生四諦，「亦名為假名」是無量四諦，「亦名中道義」，即無作四諦。

【註】

1 四住：為生起三界一切見思煩惱之根本依處，故稱住地。即：(1)見一切住地：指三界之一切見惑。(2)欲愛住地：指欲界之一切思惑，思惑之中尤以貪愛為重。(3)色愛住地：指色界之一切思惑。(4)有愛住地：指無色界之一切思惑。以上四住地若再加上無明住地則稱為五住地。

2 三十四心：即以三十四種剎那之心斷盡煩惱而成就佛道，略稱三十四心。三藏教菩薩扶惑潤生，歷劫具修六度梵行，饒益有情，最後至菩提樹下一念相應，慧發真無漏智時，以八忍八智[3]、九無礙、九解脫頓斷見思習氣而成正覺，故稱三十四心斷結成道。

3 八忍八智：即於斷除欲界煩惱所證得見道位，觀四諦理而生無漏之忍、智各有八種。

明智離合

已論境界（二諦、三諦）離合相，繼續說明智慧的分別。

經典上說：智慧有一智、二智、三智、四智乃至十一智的不同。

三智可以用觀三諦的方法獲得，而其他的智慧應如何修觀證得？

一智者，經云：「一切諸如來同一法身，一心、一智慧、力、無畏也是如此。」

唯一佛智就是一切種智，一相即佛身清淨的寂滅相透過種種的不同方式、不同種類的修行，其修行的相貌能了知，名一切種智。若以一智來觀三諦境而言，一相寂滅相就是指觀於中道諦的境相，假使說種種行為、類別、相貌都能知道，就是指雙照二諦。

二智即所謂的權實。權（方便）指一切智、道種智（雙照二諦境），實即一切種智，觀於中道諦也。三智者即觀三諦境。四智者如《大品般若經》說：「道慧、道種慧、一切智、一切種智。」

在《大智度論》解釋四慧有多種意思，或者說：「從因位名道慧，從果位名道種慧。因果、事理圓滿，名一切智、一切種智。」

或者說：「在因位中的權實分別，故說是道慧、道種慧。能體入空性的理體，名真實慧；能入世俗廣設方便善巧，名為權慧。」

或者說：「在果德的方便、真實，分一切智、一切種智。直緣中道，名一切智；雙照二諦，名一切種智。」

或者說：「在因中或果中有總、有別的區分，才有一切智、一切種智的分別。」

或者說：「道慧、道種慧是單一說明方便與真實；一切智、一切種智，是重複說明的方便與真實。」

其他智慧的分別也是如此，都不離三種智、三諦境的範疇。若從二諦與三種智慧對應的角度來說，三藏教的真諦與俗諦各發一眼一智，真諦發一切智、開慧眼。俗諦發道種智、開法眼；而一切種智、佛眼於真俗二諦境前後一同開發。

若依通教來說，真諦發一切智、一切種智，開慧眼與佛眼；俗諦發道種智、開法眼。

開發智與眼，四教各不相同，就別教而言，以別教與通教教義相通處來論，可從二諦與三諦來說，從具足三諦的角度，空假中三諦各發一智、開一眼。空諦（真）發一切智、開慧眼；假（俗）諦發道種智、開法眼；中諦發一切種智、開佛眼。以二諦對應角度，俗諦發道種智、一切種智，開法眼、佛眼；真諦（空），發一切智、開慧眼。而圓教是一實相諦，於俗諦中即是真諦，發三種智、開三種眼。

為什麼特別論及別教接通教？所謂別教，其教義與前後相近而且義理不同於他教，故名別教。所謂通教，其教義與修持對象是與前面藏教、後面的別教相通的。

別教於空假二觀上，破真俗二諦的煩惱惑盡，方聞中道義。仍然必須再修觀，破無明惑，八相成道作佛。此佛是果，但是以前二觀（空、假）為修因，所以說別教接通教。

而且通教中，根機較鈍的行人於教理上是會通前面的藏教，而根機較利的行人，其修持與教義是可以接後面別教的。

通教利根行人破除見思惑盡，到第八地才聽聞到中道義理，聽聞之後進修中道觀，破無明惑，八相作佛。在八地前，必須藉由通教的空假二觀，為修持的前方便，方入中道義，故名別（教）接通（教）。

為何不接藏教與圓教？諦觀法師在《四教儀》中言：藏教的行位是以凡夫位的三賢、四善根與聖位的四向四果來說明。通教的行位是以伏惑的乾慧地、性地為凡夫位，以七地前斷見惑、思惑盡，於第八地到第十地盡斷習氣而成佛。別教行位以十信為外凡位，十住、十行、十回向為內凡位，以十地、等覺、妙覺，斷界外無明而成佛。所以別教不以此佛果接修三大阿僧祇劫、百劫修相好為因，故不接藏教（拙故）。

另外，別教斷三惑的內容與圓教相同，但是各別斷，與圓教的三惑同體斷不同。在被接上，圓教的十住位才斷三界內見思惑、調伏三界外的塵沙惑，所以不以此佛果接十住位斷無明，故不接圓教。

以上所說，即是藏通別圓四教，智與眼離合關係的說明。

明得失

解釋止觀體相的第四項，說明境（三諦）與智的得失。所謂「得」指不可思議，所謂「失」即可以思議的，從自性的角度說明可以思議（想像揣測）的錯誤（失）有四種，即把各種不同的智慧看成是自性智、他性智、共性智、無因智。

智慧本來就具足，名「自性智」，如火炬照明萬物，不管照明或不照明，火炬的照明功能本來就有，不管觀或不觀，境界也自然現前，所以境界或智慧一切現前。

由觀照境界而產生的智慧，名「他性智」，如長短是互相對待而知，此是依相比較而有。境與智因緣和合才有智慧，名「共性智」。不關境與智而智慧自然生，名「無因智」。

此四種看法都有過失，對這四項有所執取必有所依賴，因依賴就會有是非，因是非則生起愛恚，由愛恚故生一切煩惱，煩惱生故產生諍競戲論、起身口意業，因而造諸惡業輪迴苦海。

當知這四種執取是生死之本，所以龍樹菩薩從緣起性空的觀點說明現象界諸法非自生、他生、共生、無因生，世間萬象都是因緣和合而生。

而為破對四性智之執著，龍樹菩薩說：「諸法不自生，哪得自性智？亦不從他生，哪來相由觀境生智慧的他性智？無共生，哪來境智因緣和合的共性智？沒有無因生，哪來自然境智（無因智）？」若執四見，已著愚癡、紛亂，哪會有智慧？

今以諸法非自生、他生、共生、無因生等破四性執，自性執破，故無所依，乃至無業苦等，清淨心常一，則能見般若。所以，沒有自生境、智的執著，苦與煩惱（集）就不會生，即是生生不可說。

如在《維摩經・觀眾生品》中，舍利弗代表「思議解脫不可說相」的默然，乃至在圓教立場，境與智、苦與集，都是因緣無自性生，即是不生不生不可說，故如《維摩經》中維摩居士「不思議解脫」的默然，所謂「言語道斷，心行處滅」。

這四性執雖然不可說，但有四悉檀化他因緣的善巧，所以也可以用語言來說。雖作四種說明，但早已破除自性執。一切現象雖有假名，而假合的名稱（字）也是沒有自性，故也不可以執著，所以是不可思議，所以，《金光明經》云：「不可思議智境，不可思議智照！」就是這個意思。

已說明止觀體相的得失，今再以權實的角度來論四性（自生、他生、共生、無因生）的不可思議。若破除四性境與智的執著，是名「（真）實（智）慧」，若以四悉檀的方式來說明四性，即是「權（方便）慧」。

為顯不可思議故，再以四教來判別止觀體相的得失。在藏教中，凡夫是二失、二乘是一得一失、菩薩是二得。凡夫因有四性的執著，故於自己的修行上是失，又無四悉檀的方便，所以度眾上也是失。二乘的聲聞緣覺破除四性執進入聖諦第一義，所以在自己修行上是「得」，因無化他的方便，所以在度眾上是「失」。菩薩具足自利利他，所以說是二得。

在通教中，凡夫自利利他都沒有，所以是「思議失」；二乘人是一得一失，也是可以思議的；菩薩是自利利他的二得，故是不可思議。在別教中，若以別教立場來看通教，也都是屬於可以思議的，但在別教菩薩的立場，自利利他的兩得是具不可思議的。

在圓教中，若以圓教立場來看別教，別教的「教與道」兩得，具是可思議的。為何會如此？這是教門的方便。或說無明能生一切法或說法性能生一切法，或說從因緣修而顯真修或說真理本自彰顯於世間，假使執著這些不同因緣所說的一切，又會再落於四性執，墮入可思議的境智中，若能於此中證道者，即不可思議也。

在圓教的教理與證境具是不可思議。為什麼？至極的真理是無言、無說的，為方便因緣而有四說，但有假名而沒有實性，所以在圓教的教證具是不可思議也。依圓教而言，圓教的體相是無思、無念，無倚靠、無戲論、無煩惱結也無煩惱業，因無煩惱業故無生死，故名自己修行為「得」，獲得實體的緣故，能以不可說的境智化導眾生，令眾生出離生死證得真實理體，是為自利利他皆得實體也。

第四章◆攝法

說明止觀之體相能廣泛攝持一切法。

止觀攝一切法

《摩訶止觀》十章中的第四章說明止觀能總攝一切法，何故？因止能使現象諸法歸於寂靜，如針灸治病，只要能灸入穴道就能治一切病，觀能觀照諸法理體就能具足一切的佛法，如同獲得珠王的如意寶珠，獲得如意寶珠就等同獲得眾多寶物一般。

說明止觀廣攝一切法有六項內涵：一、攝一切理；二、攝一切惑；三、攝一切智；四、攝一切行；五、攝一切位；六、攝一切教。這六項內容有其生起的次第，不管佛出世不出世，法性常住（理），由於眾生迷於真理實相，故生起生死煩惱（惑），隨順道理而生起觀照，此是智慧的部分（智），因了解故能實踐，由實踐故能入證道階位中（行），因修道階位的圓滿，故能教化他人（位），所以舉凡事理、解行、因果、自他等次第皆是止觀所含攝的內容。

一、攝一切理

以三止三觀攝盡一切理，理即是三諦法。如前面所說，因四教的法義不同而有偏、圓、權、實之別，除此之外，更無其他的諦理了。既以止觀來顯理，即攝一切理也。

二、攝一切惑

對治所有無明煩惱的方法都不出止觀二法。從三世來說，過去生不知道世間真理而起生死惑業即是無明，因無明對現象起貪即是行，由於過去行為的造作才有今生投胎的識，因有分別妄取的識才有精神與物質結合的名色，因有名色的產生才有六入根的生起，六入接觸外境而有觸，隨觸對六塵的起心動念才有苦樂的感受，因苦樂的感受生起喜樂的愛，由愛而執取，由於執取就產生業存在的有，因已造業必有來生，有生也必定會有老死的變異。

這十二支因緣如車輪互為因果，輾轉不停，故又稱十二牽連、十二輪。這十二支因緣因煩惱（惑）造作業，由業而有苦，苦通煩惱，故名「惑、業、苦」三道。又，這十二因緣分過去、現在、未來的三世間隔，故名分段。

迷惑真理不得解脫，此即是病。要對治病就必須知道藥方，此藥方就是「從假入空」的止觀。故從藥就知道病理，所以此生死煩惱是從假入空所含攝。

說明止觀攝一切法的內涵，之前介紹止觀攝一切理及攝一切惑，在攝一切惑中，先以十二緣及惑業苦三道來論，今再說明界內與界外無明的關係。

若不知真實諦理，會障礙了知中道義，則與界外無明相應。因為在三界內的二乘人只斷除見思惑，塵沙惑、無明惑未斷，故有業習在。而塵沙惑與無明惑是屬於三界外所斷的煩惱，所以說，不知中道義與界外無明相應。

現在引證論典來詮釋。《寶性論》說：「二乘的聲聞緣覺雖然有無常、苦、空、無我等對治世間煩惱，但在佛的法身理體上還是無明顛倒（不知中道義故）。」

無漏的智慧業為行，是菩薩的三種意生身[1]的示現，而菩薩的三種意生身也是由十二因緣所成，在十二因緣中，意即是識，身是名色、六入、觸、受所成，因無明的微細惑、戲論未究竟滅除即是愛、取，煩惱的愛染、行為的業染、生的無明染未究竟斷即是有，三種意生身的變化遷移即是生，其果變化更易即是老死，若能斷除十二因緣的惑染即能成就通教菩薩的三種意生身。

在無漏道中有四種障礙，所謂緣、相、生、壞，緣就是煩惱道，相就是業道，生與壞就是苦道。

故知三界外也有十二因緣，而此界外的十二因緣惑是屬於假觀、中道觀所對治。而調伏界外塵沙惑與無明惑在假觀與中道觀的觀法中有通教、別教、圓教的差異，在此不作詳述。

三、攝一切智

止觀含攝一切智慧是指含攝一切智、道種智、一切種智，而此三智是透過空觀、假觀、中道觀所成就的。三智外，雖廣說有二十種智慧[2]，但仍然是三觀所含攝的內容。

四、攝一切行

止觀含攝一切行，此「行」有兩種，慧行與行行，慧行是正行，行行則是助行，在化法四教中都有此二行。「觀」雖能破除煩惱，但須「止」的力量才能具正知正見，正行與助行也是如此。

在藏教中，無常的析空觀是慧行，不淨觀、慈心觀等是助行，此兩行隨析空觀的智慧體悟進入空境。通教中，體悟一切諸法如幻化是慧行，經歷一切法，如數息、四念處、歷緣對境修止觀等是行行，此兩行隨體悟法的智慧進入空境。別教中，若教化眾生，修道種智，緣世俗諦真理，屬於慧行，而緣世俗事者是行行，此二行隨道種智進入菩薩的假觀。圓教中，中道緣於實相，此中道觀是清淨道，屬於慧行，經歷一切法門、各種六度萬行皆是大乘法、十二因緣即是佛性、四念處即是坐道場等是行行，此二行隨中道智慧進入實相。

依禪法來說，事禪方面，根本四禪定慧均等，所以含有慧行與行行兩種。欲界的禪定定多慧少，是觀（慧）行所含攝，欲界與色界間的中間定（未到地定）也是如此，無色界的四空定定多慧少，是止行（行行）所攝。

四無量心是依四禪而修，悲、慈、喜無量心是觀行所含攝，捨心是止行所攝。九想、八念、十想的禪法是觀行所攝。在八背捨中，前三背捨是觀行所攝，後五背捨是止行所攝。九次第定、師子奮迅三昧、超越三昧等禪法是止行所攝。

修「從假入空」的禪法中，四念處是屬修慧性，觀行所攝，假使四念處依四意止的觀點來看，透過四境來止住妄心是名為定，是止行所攝，但最終四念處的禪修目的還是以觀行為主。

攝一切行中，前文提到慧行（觀行）與行行（止行）與禪法的關係，今再論「從假入空」的禪法與兩者的關聯性。

三十七道品中，四正勤一向都是觀行所攝，但就其「已生惡令斷、未生惡令不生」是屬於止行所攝，若就「已生善令增長、未生善令生」是觀行所含攝。四如意足[3]從這四種因緣得定，是止行所攝。

五根中的信進慧三根是觀行所攝，念根與定根是止行所攝。

這其中，信根、念根皆具觀行、止行兩種，五力也是如此。

七覺支中，擇法、喜、進等覺支是觀行所攝，除、捨、定等覺支是止行所攝，念覺支則是觀行與行行兩者兼具。

八正道中，正見、正思惟是觀行所攝，正業、正語、正命則屬於戒是止行所攝，正念、正定、正精進也是止行所攝。

四聖諦中，苦、集、道諦是事相的有為法，觀行所攝，滅諦是寂滅的無為行，是止行所含攝。依四諦而修的十六行觀[4]是觀行所攝。

其次，再論「從空入假」的行法。四弘誓願是依四聖諦而發的，面對世間諸苦發眾生無邊誓願度，對於煩惱的集諦發煩惱無盡誓願斷，對照道諦發法門無量誓願學，對於滅諦發佛道無上誓願成。

因此，菩薩修此行法能具足十八不共法等智慧。身口意三業若隨智慧行事，是觀行所攝。若三業清淨，沒有缺失，是止行所攝。因三業清淨而知三世因果相，乃觀行所攝。

在「從空入假」觀的修行法中，佛所具有的四無畏功德、一切智無畏及至處道無畏，是觀行所含攝。漏盡無畏、障道無畏，是止行所攝。空、無相、無願的三三昧，是止行所攝。空、無相、無願的三解脫門，是觀行所攝。

菩薩的六度可分三種情況說明，第一種：修持布施、持戒、忍辱是一種功德，止行所攝；精進、禪定、般若是智慧，觀行所攝。第二種：前五度是功德，止行所攝；般若是智慧，觀行所攝。第三種：六度都是功德莊嚴，是止行所攝。

已說明從假入空、從空入假與止行、觀行的關係，以下再論入中道觀的行法。

中道觀的行法中，九種大禪乃至百八種三昧都是止門所含攝。十八空、十喻、五百陀羅尼，是觀門所含攝。依以上性質分析一切等行門都含攝在止門的「行行」與觀門的「慧行」中。以上是止觀攝一切行的內容。

五、攝一切位

以下再論止觀攝一切位的意涵。依聖者的心境而言，真如理體，本自寂靜無為，並無位次之別，在大乘經典中，為了方便菩薩之修持次第才說有一切階位。修持中，以無所得的正慧來對治煩惱、業、苦，以證得無生無滅的真諦。若煩惱、業、苦三道清淨，當下即是無為，所以「有與無」是沒有分別的。

現在依四教來分明其位次。

藏教

三藏教中，以分析的方法從有入空斷煩惱、業、苦三惑，其證道階位如《毗曇》所說有七賢七聖、四沙門果之位次，依《成實論》說有二十七賢聖等差別位相，依諦觀法師的《四教儀》，藏教的修行階位，凡夫位是三賢、四善根，聖位是見道位、修道位、無學位。

通教

已說明「攝一切位」的藏教階位，續明其他三教之位次。通教行人實踐因緣即空，明無生四諦之理，修學理六度與體空觀，斷三界見思惑盡，實證三乘行位。而行位是依《大品般若經》中的乾慧地、性地、八人地、見地、薄地、離欲地、已作地、辟支弗地、菩薩地、佛地等十地為代表，皆是從假入空觀所含攝。而三乘共通登入的行位，聲聞是已作地，緣覺是辟支弗地，菩薩是菩薩地或佛地。如左圖：

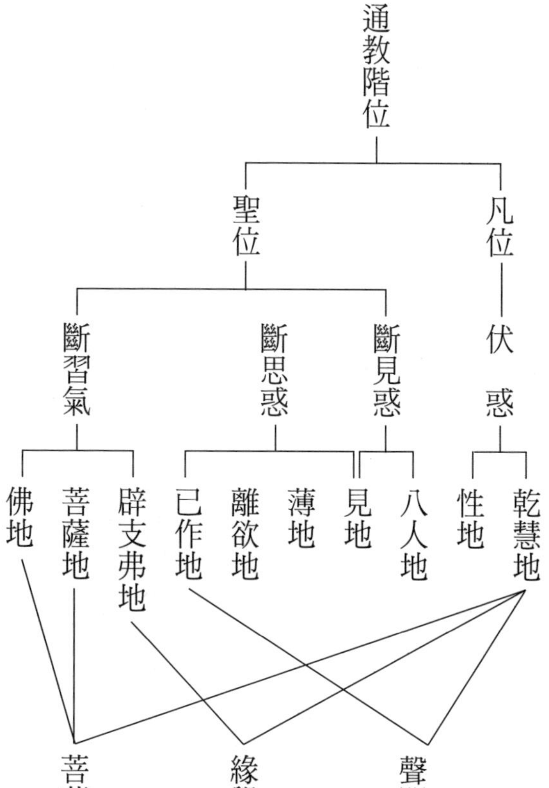

別教

別教修從空入假觀，依次第而修，經十信（伏三界內的見思惑）、十住（斷三界內的見思、塵沙惑，伏界外的塵沙惑）、十行（斷三界外塵沙惑），尚未契入中道，斷除無明惑，還處於伏惑的階位，是空觀與假觀所含攝；若能進破無明，成就十地位，就是中道觀所含攝。如左圖：

別教階位
- 凡位
  - 外凡——十信——伏界內見思煩惱
  - 內凡
    - 十住——斷界內見思煩惱、伏界外塵沙——修空觀
    - 十行——伏界外塵沙煩惱——修假觀
    - 十回向——伏界外無明——修中道觀
- 聖位
  - 真因
    - 十地
    - 等覺
  - 真果——妙覺
  - （十地、等覺、妙覺）——斷界外無明，至開悟成佛

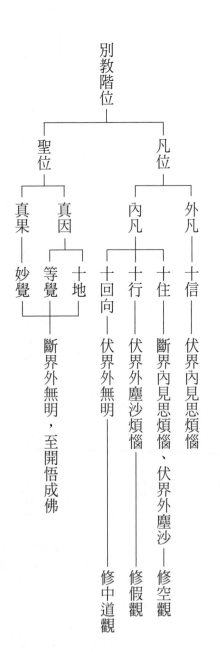

圓教

繼續說明「攝一切位」中圓教的階位。假使圓教行人，從信到解到行，都能即事而真，每個當下皆能以實相來修；從觀行即進入相似即，若能進破無明，就能開示悟入佛的知見。凡十住、十行、十回向、十地、等覺、妙覺等四十二位，同乘寶乘，直入菩提道場。如《涅槃經》說：十五日月光明亮，顯現無遺，譬如智德；十六日月光漸漸轉移，譬如斷德。又如，十四日的光照如同般若，是因位；十五日的光照，如果位的妙覺。皆是中道觀所含攝。如左圖：

凡聖	六即	階位
聖位	究竟即	妙覺
	分證即	等覺、十地、十回向、十行、十住
	相似即	十信
凡位	觀行即	五品隨喜、讀誦、說法、兼行六度、正行六度
	名字即	
	理即	

或會生起疑問：大乘經典，並無明確的階位，為什麼是止觀所含攝？大乘經典，都有說明階位，現在就依《中論》四句偈來說明位次。一、從「空」位而言：偈中說：「因緣所生法，我說即是空」，即是破除煩惱、業、苦，便能證得初果。若是菩薩以智慧斷惑，證得無生法忍，於第六地時，就與二乘階位相同，七地為方便，十地就如同佛。

二、從「假」位而言，「亦名為假名」者，是漸次破除三界外之三道（煩惱、業、苦），就有四十二賢聖位（十住、十行、十回向、十地、等覺、妙覺）。

三、從「中」位而言，「亦名中道義」者，即是圓破五住地煩惱[5]，便入六即[6]佛位。位次都很清楚的。

用《中論》四句偈來說明攝一切位，一切位也不出此四句的範圍，四句內容也不離止觀，故說「攝一切位」。

六、攝一切教

止觀攝一切法的第六項是攝一切教，攝一切教的內容含攝世間教與出世間教，這裡以化法四教與化儀四教來說明。

《毗婆沙論》說：「一切法都是由心來施設名字，假使無心，就不會有一切名字稱號了。」當知世出世間的名字都從心而生起，世間教中有善教與惡教，若心念生起時，隨順無明煩惱則有不好的惡教生起，如九十六種外道邪見，若心念生起時，是與善念相應就會有五行、六甲、陰陽、八卦、五經、子史等百家學說生起。

為什麼出世間教也是由心生起？《寶性論》說：有一大經卷如三千大千世界那麼大，記載三千大千世界的事，如中如小的四天下三界等也都有記載於一微塵中。一微塵如此，一切塵也是如此。一佛出世以清淨天眼見此大經卷，心中起念：為什麼此大經卷在微塵內而不饒益一切眾生？即以方便破出此經，利益眾生。

如來的無礙智慧經卷都具足在眾生身中，而眾生因無明顛倒看不見也不相信。所以佛陀教導眾生修八正道，破除一切虛妄無明，見自己本具的智慧是與如來相等的。

又，從空來譬喻，《發菩提心論》云：「譬如有人見佛法已滅，以如來的十二部經置於虛空之中，沒有一個眾生知道此事，經過許久之後，有一人遊於虛空，見到此經就想：為什麼眾生不知也不見此經？就寫取經典以示導眾生。」那為什麼要寫經？要讓眾生修八正道，破除虛妄無明等煩惱。

以化法四教與化儀四教說明攝一切教之意義

修的內容有多種，若觀心因緣即是觀生滅無常、修持八正道，即是寫藏教的十二部經。假使觀心因緣是觀空的八正道，即是寫通教之經。若觀心念有無量種的分別計較，是凡夫二乘人所不能測知，只有法眼的菩薩能見之，修無量的八正道，即是寫別教的經義。若觀心即是佛性，圓修八正道，即是寫圓教的中道之經。說明一切法皆出自於心中，心即是大乘，心即是佛性，能自見己智慧與如來相等。

攝一切教中，以化儀四教的頓、漸、不定的方式說明

若是觀心的當下，即是假諦、中道諦，就是含攝《華嚴經》之頓教。

在漸教的方式中，若觀照世間因緣的生滅現象，即含攝三藏教的四阿含經，如同剛擠出牛奶之經[7]。假使觀心因緣即空者，即含攝般若，如乳酪之經。若觀眾因緣生

法，次第為即空、即假、即中者，即是含攝方等生酥之經。

假使在觀心當下，即是應用空、假、中者，即含攝《大品般若》的熟酥之經。若以中道來觀心者，即含攝《法華》開佛知見，顯示佛陀出世間因緣，正直捨方便廣說眾生皆有佛性之醍醐之經。若以常、樂、我、淨之佛性四德來觀心，即有涅槃，即同見佛性之醍醐之經。

於不定教方式中，從觀因緣當下，了知因緣無自性即是佛性之理，佛性即是如來，是名乳中殺人。若以析空觀作觀，從析空觀中，見佛性者佛性即是如來，是名酪中殺人。若以空觀作觀，從觀空中即見佛性，是名生酥殺人。若以假觀作觀，從假觀中即見佛性，是名為熟酥殺人。若以中道觀作觀，從中道觀中即見佛性，是名醍醐殺人。

通說殺人者，即是滅除分段生死與變異生死，惑業苦三道清淨，是名殺人。以上所說廣攝一切教法，也都是在止觀的修持範圍。

又，含攝諸教大略有兩種意義：一者、在眾生心中本自具足一切法門，如來清楚明白觀照心性，無量諸法無不含攝在心中，故以所知所證來說明。二者、如來往昔曾作漸頓等方式觀心，故不管偏或圓之教法無不熟知，更依此觀心方法為眾生說法，教化弟子令學如來教法以成就佛道，所謂「為破塵勞而廣說一切經，於經中廣論真空之理」，故說有一切經教皆為三止三觀所含攝。

以上，廣說止觀攝一切法中，從一理中含攝一切理、一切惑、一切智、一切行、一切位、一切教。從一惑中也含攝一切理、一切智、一切行、一切位、一切教，其餘一智、一行、一位、一教也是如此。

【註】

1　三種意生身：通教登地菩薩得如幻三昧，能示現無量自在神通普入一切佛剎，隨意無礙，意欲至彼，身亦隨至，故稱意生身。據《楞伽經》卷三之〈一切佛語心品〉載，通教菩薩有三種意生身，即：(1)三昧樂正受意生身：以定性為樂，異於苦樂等受。通教第一地至第七地菩薩所修。(2)覺法自性性意生身：通教第八地菩薩覺了一切諸法自性之性，如幻如化，悉無所有，以無量神力普入一切佛剎，迅疾如意，自在無礙。(3)種類俱生無行作意生身：通教第九、第十地菩薩覺知一切法皆是佛法，若得一身，無量身一時普現，如鏡中之相隨諸種類而得俱生，雖現眾相而無作為。

2 二十種智慧：是依《法華玄義》中「智妙」所分，藏教有七智、通教有五智、別教有四智、圓教有四智。

3 四如意足：又作四神足。(1)欲如意足，希慕所修之法能如願滿足。(2)精進如意足，於所修之法專注一心，無有間雜，如願滿足。(3)念如意足，於所修之法記憶不忘，如願滿足。(4)思惟如意足，心思所修之法不令忘失，如願滿足。

4 十六行觀：苦諦四行相是苦、空、無常、無我，集諦的四行相是集、因、緣、生，道諦的四行相是道、如、行、出，滅諦的四行相是滅、靜、妙、離。

5 五住地煩惱：即見、思、無明之煩惱，有見一處住地、欲愛住地、色愛住地、有愛住地、無明住地等五種區別。

6 六即：天台宗圓教菩薩六行位，稱為「六即」。即：(1)理即，謂一切眾生悉住於佛性如來藏之理。(2)名字即，從名言概念之中通達了解。(3)觀行即，從知名字而起觀行。(4)相似即，六根清淨，斷除見思之惑，制伏無明，相似於真證者。(5)分證即，謂分斷無明而證中道之位。即由十住、十行、十回向、十地、等覺等位，漸次破除一品之無明而證得一分之中道者。(6)究竟即，謂斷除第四十二品之無明，究竟諸法實相之位，此即妙覺位，為圓教究竟之極果。

7 若以《涅槃經》五時的譬喻，《華嚴經》是譬喻乳味，今以《華嚴》別為一頓，漸教中仍存有四味，故以三藏教譬喻為乳味。

第五章◆偏圓

對於攝法的內容區分為「大小」、「半滿」、「偏圓」、「漸頓」、「權實」等。

偏圓之理

《摩訶止觀》十大章中，第五章明偏圓乃說明佛法教義上的大小、半滿、偏圓、漸頓、權實之別，以偏圓為章名，只是取其中一項意義為代表。

解說偏圓的意義是讓所有行人知道，止觀是含蓋一切法的，而且在一切法中必須認識大、小、共、不共的層次分別與權實、思議與不思議的意涵，故簡單以此偏圓為章意。

因此在此章中分五項作解析：一、明大小；二、明半滿；三、明偏圓；四、明漸頓；五、明權實。

一、明大小

所謂大小皆由因緣而有大小差別，如佛以方便力為五比丘說小乘的三藏教，以大方便力為菩薩說大乘法義。大小雖俱是方便，但必須認識清楚，故用五雙的內容來說明。

小者，小乘也。因智慧力弱，以分析方式的止觀修法來分析色心，如《大度智論》解釋布施波羅蜜圓滿時，也提出破外道鄰虛塵的看法：「此塵是有是無？若分析色到極微是有，則成常見、有見；若分析極微色是沒有的，則墮斷見、滅見。」

這是外道分析色法的觀點，分析心法也是如此！若執著有心、無心，則墮入常見、斷見，這都屬於外道析色也。

又，剎那的一念心起，必藉由根塵（如眼根對色塵，能見一切色）。世間沒有一法不從因緣而生，從因緣生者皆屬無常。

或言一念心六十剎那（一剎那是零點一三秒），或言三百億剎那，剎那不住，念念皆是無常，因無常故無自主性，因無自主性故，煩惱也是空，因空故，無業無苦，生死滅故，名為涅槃。是名「析色心觀」的意義也。

若佛弟子執著佛教法門而產生我見者，也須要以正法來破除執見。

天台宗的化法四教，三藏教也分有門、空門、亦有亦空門、非有非空門等四門，若人於此四門生起我見、執著，乃至圓教四門也生四種我見、執著，這些見解、執著皆屬戲論，自以為是而認為別人是非，雖然飲佛法的甘露法水，但因喪失對理的理解於外相產生計較分別，如同鐵鎖加身，若於內心產生執取，亦如金鎖縛心，終究是流轉生死不得解脫，故亦須以正法來破執。

說明教義上大小之小乘義，是以「析色入空」的方法觀照一切真理，但從正法而言，不管大乘小乘，只要對法產生執著見，都須破除的，所以《大智度論》說：「破析對涅槃的執見，不破聖人所證之涅槃。但為尚在修學佛道者，未得涅槃說已得涅槃，執著其相，故說破涅槃（執）。」依此意，即用分析方法方便破執。

依修觀層次來說，在藏教中也有四門，於一一門中皆具足十乘觀法[1]，從第一觀不思議境正觀世間緣起乃至第十無法愛，皆能於諸門中見第一義諦，所以三藏四門以分析方法的止觀斷除煩惱、證悟真理，純屬是小乘之義也。

接下來說明「大」意。大者，大乘也，智慧猛利，修不生不滅之體法止觀（體空觀）是菩薩等有力大人所行，故名大乘。《中論．觀四諦品》言：「說明空意者，中

『摩訶衍』，『摩訶衍』即是大也。」（以空義來說明什麼是摩訶衍，而摩訶衍即是大也。）

《大智度論》說「欲得聲聞，當學般若」，這本是菩薩修持的法門，大能包含小，故大乘義中傍挾聲聞法，譬如為官者的紅門大戶雖為王朝辦事，但也不限制小官、百姓的進出。大乘也是如此，正為菩薩施設體法入空，雖含小乘法，終究是摩訶衍義，而三藏教以「析法入空」證悟真理，但終歸是小乘。

大乘的體法觀是不同於藏教的修法。藏教主張世間是假名而有，而法是實在的，如五陰是假合有，名為眾生；眾生是假名，而「陰」是實有的法（存在）透過分析令空，如破柱令空。今大乘體空觀的意義不管名稱或存在的法都是假合而有，自體與自性都是無自性的空，本來空寂，如鏡中的柱子本來就不是真的柱子，不須等待鏡中的柱子滅了才是空，鏡中的柱影當下即是空，無有生滅，不同於實有的柱子。

大乘的體法觀是不同於藏教的析空觀，在《大度智論》卷十二說明大乘體法觀，引述佛陀在闍窟山與諸比丘進入王舍城於道路中見有一方木，佛陀敷尼師壇（臥具）端坐在方木上並告訴諸比丘：若人於方木上獲得禪定時，能變土為金、變金為土，但金土非實有的，乃變化所為。色心也是如此，本質是非生非滅，之所以有色心乃無明造作的緣故，本來就不生，現在哪得滅？又引觀一端氈（氈本不生）即具十八空，是名體法觀，即是觀諸法當體即是無自性空，是名體法觀。

又，藏教所分析諸法的空，名為隨緣觀色心、析有之觀，也屬於事觀的一種。所入真理並非是佛性，還不能契入真實的理體，只是隨情入真而已！

而大乘的體法觀名隨理觀色心，如同尋幻得幻師、尋幻師得幻法，又好像睡眠中才得夢、睡眠中才得心。尋找虛幻色心的來由是由於無明，從體悟無明中才能獲得佛性，體悟法的道理，故名之為隨理觀。

體法止觀也有四門，於一一門中皆具十法成觀。此觀非但破外道果報色心執，從三藏四門乃至圓教四門中，執一切見者皆以體法如幻來斷惑證真，是名大乘止觀也。若能了知體法觀的意義，在大乘諸門中產生執見者，亦須以此體法空破。

而且大乘體法觀的意涵不同於世間一般法師、禪師的看法，他們把老子《道德經》與莊子《逍遙遊》之境相認為是與佛法相同，其意義並非如此。

老莊尚且自己都不認識了，未知小乘在修行時，能著所著、能破所破的內容與對象，何況是知悉大乘的行人在修道中必須要斷的執與要斷的煩惱內容？所以，兩者與佛法是很不相同的。

世間人所說的，都迷於名相，不能深入禪法而有所認知，有些人對正確的真理不能深刻認知而想將《道德經》、《逍遙遊》等與佛法的解脫之說來相比擬，其實佛法真正的意義哪裡是這樣？

若於圓教中產生執取心，不能進入小乘的層次，又如何能入大乘？如同小小的螢火與太陽之懸殊、泰山與秋毫之別，自己說自己的道理是真實的，而輕慢釋迦牟尼佛，這種邪執也是必須要破除的。

二、明半滿

世間所傳，皆以世尊的涅槃常住是修道的究竟圓滿相，其餘所說非佛之真實義故為「半」。菩提流支說：「三藏教義是屬半教，以般若去執的皆屬滿義。」但並非如此。

現在說明半滿[2]的意義，是為了要說明大小乘之別。前面已用析空觀與體空觀來說明大小之別，現在只是換個角度，以析空觀與體空觀（體法觀）來比擬半與滿的區別而已。

以佛陀說法的五時來說，阿含時所說法為半教，方等時的內容具有半與滿二義，華嚴時、般若時、法華涅槃時之教義為滿教，所謂半滿的意義即是如上所說。

三、明偏圓

說明偏圓之理的第三項是正明偏圓，偏是偏斜，圓是圓滿。一般不是以小乘為偏嗎，為何要另外說明呢？「半與小」的名稱，意義上較為狹隘，有所局限，「偏」的意涵較為深遠，與「小」不同，故另外分別。譬如月亮以十五為圓滿月，以月初至十四，從弦月漸漸趨向圓滿，都稱為漸。

「小與半」的意義也是如此，它等同是析法觀、小乘的意思。而「偏」的意義指從三藏教的析法觀、通教的體法觀、別教的次第三觀[3]與圓教立場相對，都是「偏」

意，因為進入中道實相尚有距離，唯有圓教以一心三觀[4]證入不可思議境才能稱為「圓」，以上所說即是偏圓[5]的意義。

四、明漸頓

漸是次第的意思，由三觀三智漸次而入，藉由空觀進入假觀，由假觀進入中道觀，由淺入深即是漸意。頓名頓足、頓極，從初發心入空觀就能直入中道，萬法具足，煩惱惑盡，功德圓滿，是為究竟之頓極。

這裡說明漸頓[6]都是以藏通別圓四教之理[7]來說明漸頓之別。藏通別之三教，從教義實踐來論皆是漸意，只有圓教止觀才稱之為頓。以下依次說明其由：

藏教的析空觀與通教的體法觀因契合偏真之理，故是漸非頓。圓教止觀直趨中道，是頓非漸。別教止觀在解門上知道頓理，但實踐行上必須歷恆沙劫，方便趨入中道，所以是亦漸亦頓。又，前兩觀（析空觀與體法觀）在觀行、教義、實踐（行）、證果上都是漸次而入，別教的次第三觀在觀行、教義、實踐、證果上也是漸次而入，唯所證之理是頓入中道。而圓教止觀之觀行、教義、實踐、證果上皆是頓超頓入的。

此因乃前二觀（析空觀與體法觀）是方便說，輾轉入空，故其教義及觀行等四種都是漸意。別教的次第三觀依方便行，先破見思惑，故也是漸意，後破無明見於佛性，故證道是頓。圓教止觀是「正直捨方便，但說無上道」，唯一佛乘是真實，餘聲聞、緣覺之二乘是方便，說一佛乘之真實事是名教實，所謂「行如來行，入如來室，著如來衣，坐如來座」[8]。只有行如來行才是真實之行，所見中道就是究竟，所得法身等同如來，無二無別，是名證實。

從因與果來說，前兩觀（析空觀與體法觀）的因位中，有教、行、證、人，但在果上只有教義，無行、證、人。因為因中之「人」入無餘涅槃，灰身泯智，不得成就真正的果佛，是方便之說。故從究竟義來說，有其教義，沒有真實之行、證、人。

從因果的意義分別四教，已說明藏教、通教，從一佛乘的角度來說，雖有其教義內容，但無真實之證悟、修行及學人。在別教因位中，有教、行、證、人，若從果位來說，只有教，無行、證、人。因為別教若破無明登入初地時，即是圓教的初住位，依究竟中道而言，已不再是別教初地位，其他果地也是如此！在圓教的因位中，不管教、行、證、人，從因到果都是真實。

前面三教的止觀，在教、行、證、人，尚不知道圓教，何況頓入圓教？佛陀為了讓眾生契入佛道，開聲聞、緣覺等漸次法門，使二乘人能完全趨入一佛乘之頓教，所以《法華經》云：「汝等所行，皆是菩薩道」、「隨人根機，各乘羊車、鹿車、牛車等寶車，適合各人本願」、「決了聲聞法，是諸經之王！」開了許多漸次法門，以別教義理相接，令入頓教的圓義。故《涅槃經》中說：證得二乘的道果，但與圓教之常理是不相違背的。縱然在因位修學也皆可以成就佛道，即是從漸入圓，也叫開漸顯頓之意也。

復次，修四種止觀進入圓教，前三教行人隨位進入。如果是菩薩，不必等待合併許多行持才能進入圓教也不必等待開漸教門，顯頓教義而進入圓教，進入之時機因緣則因人而異，因為一切眾生皆有正因佛性，譬如剛擠出牛乳一般，但因根機不同，若聽聞一佛乘的法（了因佛性），非利根者容易誤解而成為修道的障礙。

雖然人人具有正因佛性，但於修道上，因根機因緣的不同，如同由乳味轉變成酪、生酥、熟酥、醍醐等之差別[9]。除醍醐之圓教外，其餘的四味皆與佛乘的真實有所距離，故皆具偏執，昧殺佛性之失，眾生的心性也是如此！本具的正因佛性不壞，隨著四教的教、理、行、證之斷惑，漸漸觸發了因佛性之開顯，或因理發或因教發或因行發或因證發而顯現本具的佛性[10]。

之前提到眾生的佛性，因透過修道，從理發、教發、行發、證發等不同角度而顯證佛性，理發者如辟支佛，智慧猛利、善根純熟，出於佛世，自然得悟，故名理發。因為出生於無佛之世，沒有佛之教義與行法而自悟者，故稱為理發。或久值善根，今生雖未聽聞圓教義，但因修道的關係，任運自發佛性，這也是屬於理發。

假使聽聞《華嚴經》的教義而悟道者，此是教發。聽聞法義後，透過思惟而悟道者，是觀行發。假使證得六根清淨位（圓教內凡位）能進破無明，是相似證發。若再精進，能破煩惱、增上道業，這也是證發。以上是就圓教的教義來論述證發不定的情況。

若藏教、通教、別教的行人，各在凡夫地而證發者，即是理發。若聽聞教義而發者為教發。若修行各種種方便而發者，即是觀行發。若在賢聖位中而發者為證發。以上就前面三教證發不定的情況。

另，若修道中引發無漏，永別三界輪迴的苦海，只斷除分段生死而非與變易生死一起斷，也是證發不定的情況。

以下再就四種止觀來分別圓頓差異。三藏教中，有從初發心方便，證入真諦，此名為漸。三十四心斷惑成道[11]，不也是圓滿了？通教與別教中，從初發心乃至後心之證道，不也是漸次而圓滿？一般以因位的次第修行為漸，各以修行果德之極地為圓[12]。圓教當體，究理之極致也稱為圓（即是能究竟佛果之道理），圓教也有從初發心乃至到四十一地的修證次第，不也是漸？到妙覺地的究竟位不也是圓滿了？這四教有何差別？

之前，從修行的因位、證果的極致提到藏通別圓四教的內容，既然四教皆以修道為漸、證果為圓，與圓教的圓漸有何區別？

從果德來說，圓教證悟的果德是佛果的究竟，是名圓圓，而修持圓教的原因，一開始就以一佛乘為究竟，是不同於前面三教的修因，是名為圓漸而非漸漸。

在《法華經》中廣說三乘不同之修持，最終都是要趨向佛道的。《法華經》說：「汝等所行，是菩薩道！」這是從漸次（聲聞、緣覺、辟支佛）

修道中，肯定其所修行的內容都是菩薩道，都能成佛，是名「漸漸成漸圓」。

漸圓是說明三乘依其所證之果德不可能成就妙覺佛位的，若能知道前三聖的悟境本是圓滿佛果的一種方便，是佛陀示現之善巧，又何必再開圓佛之修持？因為當下所行即是菩薩道，必當成佛。

若從觀心的角度推演，四教的法相也是如此，今用《涅槃經》五味[13]的譬喻來解釋四教[14]的意涵：

首先說明藏教意。《涅槃經》卷六云：「凡夫如乳，須陀洹如酪，斯陀含如生酥，阿那含如熟酥，阿羅漢、辟支佛、佛如醍醐。」《大智度論》說：「聲聞經中，稱阿羅漢，名為佛地。」

其次，證明通教義。《涅槃經》卷三十二說：「眾生如雜血乳，須陀洹、斯陀含如淨乳，阿那含如酪，阿羅漢如生酥，辟支佛、菩薩如熟酥，佛如醍醐。」辟支佛斷除見思惑外，更斷少分習氣，比聲聞殊勝些，故與菩薩同為熟酥，而佛是完全斷除習氣而成道，名為醍醐。此是譬喻通教中的五味。

其次，證成別教義。在《涅槃經》卷九云：「眾生如牛新生，血與乳還無法分別，聲聞如乳，緣覺如酪，菩薩如生酥、熟酥，佛如醍醐。」

在別教的十住位初能斷通教的見思惑盡就如乳味，十住位後，如辟支佛斷習如酪，十行、十回向如生酥、熟酥，十地之初已名為佛，故如醍醐。此是譬喻別教中的五味。

五、明權實

之前，以譬喻說明藏通別教之漸圓義，現在繼續說明圓教之譬喻。《涅槃經》卷二十七說：「雪山有草名為忍辱，牛若食者，即成醍醐。」草是譬喻正道，若能修道即見佛性，此是譬喻圓教不經四味層次，當下修持即成醍醐。又於《涅槃經》卷八云：「置毒於乳中，乃至遍於五味，皆能殺人。」即是四種理、教、行、證，隨根機因緣皆能進入圓教中，此是譬喻圓教的不定義。以上所說是從漸頓的角度說明偏圓之理。

接著，繼續從第五項權實的立場分析偏圓之理。所謂「權」是方便、權巧，暫時應用而已，「實」是真實，究竟之旨歸。

豎立「權」的方便有三種意義：一、為實施權；二、開權顯實；三、廢權立實。如《法華經》中以蓮華三種譬喻象徵諸佛以一大事因緣出現於世，原為眾生修持圓教之一實止觀，但以方便故，說有三種止觀。

「權」的三種意義就《法華經》跡門三喻來說：

（一）為蓮故華：比喻為實施權。以蓮比喻實，以華比喻權。謂佛為顯一乘之真實而施設三乘之權教，亦即佛以方便力示現種種法，其實為一佛乘，想令眾生知道第一寂滅故。

（二）華開蓮現：比喻開權顯實。以華開比喻開權，蓮現比喻顯實。謂如來於法會座上開三乘之權方便以顯一乘之實義，亦即開方便以示真實之相。

（三）華落蓮成：比喻廢權立實。以華落比喻廢權，蓮成比喻立實。謂一乘之實教既顯，則三乘之權教自廢，即「正直捨方便，但說無上道」。

故，「權」非如來度化眾生本意，只為開三種方便止觀，顯圓頓一真實之止觀，若入真實，權之方便即廢。

為何要用權實？因為佛陀知道眾生有種種欲望、種種根性，故以四種悉檀方便度化之。如有人想要聽聞因緣法，為他說藏教之理；想要聽聞因緣性空之理，為他說通教義；想要聽聞菩薩歷劫修行法門，為他說別教義；想要聽聞中道理，為他說圓教義。是名隨眾生喜樂欲望所說之法，亦名隨根機說的世界悉檀，此乃為真實而施設（權）方便說真實止觀。

為人悉檀也以四教觀來說明，因根機不同，故說法內容也不一樣。為眾生能趨入真理（空）而修一切善法，說藏教的析空觀。為眾生能趨入真理（空），從事到理的修持，說通教的體空觀。為眾生能趨入中道而修一切法，說別教的次第三觀。為眾生能趨入中道，從事相到理相的修持，說圓教的一心三觀。以上所說是為人悉檀的內容，亦稱隨便宜而說權實止觀。

從對治悉檀來說，是應病予藥。為破除邪因緣、無因緣的顛倒，說藏教析空觀。為破除修事相六度的執，說通教的體空觀。為破除對修一切法之執著，說別教的次第三觀。為破除修一切法的方便以趨入真實，說圓教的一心三觀。以上是以對治悉檀來說權實止觀。

約「第一義悉檀」來說，為鈍根的眾生修可思議的事六度，令趨入真諦，說藏教的析空觀。為利根的眾生修可思議的理六度，令趨入真諦，說通教的體空觀。為鈍根的眾生修不可思議的事六度，令趨入中道諦，說別教的次第三觀。為利根的眾生修不可思議的理六度，令趨入中道諦，說圓教的一心三觀。以上所說是為圓教之「一實」而施藏通別教之「三權」。

從權實（方便與真實）相對的立場則有四種止觀，為一實教而施設三種方便教，其意義就是此。

除了從四悉檀來顯現權實的意義之外，也可由四悉檀來說明廢權顯實的立場。若眾生煩惱業重，善根智慧薄弱，故教他修析空觀，讓他生起修各種事善。若已修事善（實際行善），漸漸降伏煩惱，既可捨除藏教的析空觀，進修觀心之理善（身心如一的行善）而修通教之體空觀。若已生起觀心之理善，就應廢除通教之體空觀，進修三界外之事善而入別教之次第三觀。若已修三界外之事善，即應廢除別教之次第三觀，修三界外觀心之理善而入圓教之一心三觀。

以上是從廢權顯實的立場說明權實止觀的內容。

就五味來分析說明權實的意義

以乳味之《華嚴經》來說，修《華嚴經》的菩薩行沒有藏教與通教之二權，但有別教的一方便與圓教的一真實。

以酪味的《阿含經》來說，只有藏教的方便，沒有通教、別教的權與圓教的真實。

以生酥味之《方等經》來說，四教之三權一實並用。以熟酥味的《般若經》來說，廢除藏教的一權而應用通教與別教的二權與圓教的一實。

以醍醐味之《法華經》、《涅槃經》來說，《法華》是廢除藏教、通教、別教之三權而顯一佛乘之一實，而《涅槃經》是四教權實並用，讓眾生了知本自具足佛性，佛與眾生之佛性是沒有差別的。

依據以上所說，可以了知如來巧用四悉檀，隨眾生根機因緣以權以實來利益眾生，說權說實都是隨機之應化。

以《法華經》之「開方便門，示真實相」一佛乘教義，四教的止觀都能進入圓教的中道義，所以說四教都是實也，又四教也是權，因為四種教理也皆是隨因緣而生，不可得故，而顯其事相差別，故說有權實之義。

以下是就四教義說明被接的問題。

經典上說，為「一實施三權」才有四種止觀。或有人問：若從別教被接通教的止觀而言，是屬於權或實？別教被接通教時，是屬於方便義，若能證入實相即是真實義。

又，不把這樣的被接意義預設在四教中，是因為四教從教義深淺論其始終，「被接」有終無始，所以不入四教中。而四教中，只說通教能被接，在於藏教與通教之二教說明三界內之斷惑與解脫之理，別教與圓教之二教說明三界外斷惑與解脫之理，兩界交接之際必須有一相接處，所以以別教來接通教。

至於在什麼階位論被接，若以通教來說，在第七地已斷三界的見思惑盡，在第八地的辟支佛地開始斷塵沙惑、無明惑，故從第八地被接入別教，知道有中道義。被接時，所接階位在通教的第九地是調伏無明惑，第十地進破無明惑是名為佛，而別教進入初地後才進破無明惑，證入中道義。

以下再以真諦的角度來解釋。若以真諦來論被接通教的真諦，是以空諦與中道諦合論，從開始以來，但觀真中之空破除見思惑盡到第八地，方為他說真諦內之中道義。

所以說「智者見到空義也見到不空」，若聽聞後見到真理即是進入別教位，而三藏教尚未真的進入真諦義，故不論接，別教與圓教心中已知中道，何用被接？故言通教接別教。

論教理的權實問題

藏通別的三種權教中，先釐清是否都知道真實的中道義。別教一開始起修時，就知道真實的中道義了，通教要修到最後才會知道中道義，三藏教是從析空觀進入真諦，所以不知道有真實的中道義。

如此或有人生疑問：既然別教與通教都知道真實的中道義，為何稱權（方便）？若不知道真實的中道義，不就與《涅槃經》、《勝鬘經》所說的內容相違背？別教一開始就知道中道是方便聽聞的，教義上還是屬於權的範疇。通教要修到最後及被接進入別教時，才知道真實的中道義，但終究還是屬於方便的範疇。

最後，若說三藏教行人不知有中道義，不是違反《涅槃經》、《勝鬘經》內容所說？因為在《涅槃經》中說：「阿羅漢，不知三寶常住不變者，所有禁戒亦不具足，不能得聲聞道。」其實這是一般的說法。羅漢自修自證，只知因緣無自性，不會知道見到常住不變的理體。羅漢佛眼未開又不聽聞佛說中道義，哪能自知常住之理？故《法華經》說：「聲聞於自所得功德生滅度想，若遇餘佛，便得決了。」（聲聞認為已得滅度，故不聽聞常住之理，假使遇到其他佛廣說常住之理，方知中道義。）

假使行人，分別真諦是生滅（有）二相之變異，是不能悟入真諦的，真諦是無為、體性不變的真理，亦是名常，要證入真諦必須觀空，方入無漏境，如須菩提觀空、憍陳如證無生一般。

論理體的無為常住（空）是聲聞、緣覺、佛所共證的真理，但在內容上是有區別的，如《優婆塞戒經》云：「善男子，如恆河水，三獸俱渡，兔馬香象。兔不至底，浮水而過。馬或至底，或不至底。象則盡底。恆河水者，即十二因緣。聲聞渡河猶如彼兔，緣覺渡時猶如彼馬，如來渡時猶如香象。是故如來得名為佛。聲聞、緣覺雖斷煩惱，不斷習氣。如來能拔一切煩惱習氣根源，故名為佛。」這說明藏、通、別、圓四教在權實的立場，對真諦的認知也是如此。

又，律儀不具足者若能觀空，得道共戒，此是具足戒也（若能於持戒時，觀持戒相等不可得，不執不取，才能圓滿持戒波羅蜜，是名具足戒。）故《華嚴經》說：「諸法常住相，常住不變異；二乘亦皆得，而不名為佛。」所以常住之理（空），二乘也可以證得。當知常住之理是不限大小乘的。

又，於《大品般若經》說：「淫欲障生梵天，何況菩提？為生梵天，必須斷欲；欲得菩提，須斷二邊欲（有、無）。」斷欲的名稱雖然相同，但意義是不同的，故三藏教之止觀不知圓教之真實義，是與經典所說不相違背的。

《勝鬘經》說：若不知常住之理，所有三皈戒皆不能成就。這句話怎麼說？從根本來說，皈依佛法僧的目的非執取三寶的外相，而是從皈依中理解其內在常恆不變的真理，開發自己的覺性、正念與清淨心，若不知常住之空理也只是執著事相的薄地凡夫而已。但空義是一切法生滅的原理原則，是三乘行者所共證之理，只是深淺不同，於大乘經中，如佛陀未廣說一佛乘之畢竟空理，二乘又如何能了知？以空來論權實即是此意。

第五章止觀的偏圓之理是敘述教理的大小、不完全或完全（半滿）、部分與全體性（偏圓）、漸進性與頓即性（漸頓）、方便與真實（權實）等差別，以及相應的止觀所存在的差異，由此而強調現在所說的止觀是超越分別一大圓滿真實之止觀。

【註】

1 十乘觀法即：(1)觀不思議境；(2)發真正菩提心；(3)善巧安心止觀；(4)破法遍；(5)識通塞；(6)道品調適；(7)對治助開；(8)知次位；(9)能安忍；(10)無法愛。

2 半滿：是指佛陀教義的深淺之別。

3 次第三觀：即隔歷次第而修習空假中三觀之意。蓋別教認為，空假中三觀乃互相隔歷而不融通，故須次第漸觀之，由此可依次破除見思、塵沙、無明三惑而得一切智、道種智、一切種智等三智。

4 一心三觀：又稱圓融三觀、不可思議三觀、不次第三觀。一心即能觀之心，三觀即空假中三諦。知一念之心乃不可得、不可說而於一心中圓修空假中三諦者，即稱一心三觀。此為圓教之觀法，係不經次第而圓融者。

5 偏圓：究竟解脫了義（佛乘）的教義是圓，聲聞、緣覺的二乘教義對於佛乘來說是偏。

6 漸與頓：是從教義與實踐方式來分別，也就是利根與鈍根行人修行方法之差別。

7 藏、通、別、圓的化法四教是天台宗依教義的深淺及聲聞緣覺、菩薩修學佛法的不同次第所分出來的層次。

8 如來行：所有行持皆回向成就佛道。如來室慈悲心也，如來衣忍辱心也，如來座法空也。

9 天台以華嚴時、阿含時、方等時、般若時、法華涅槃時，依其教義配以乳、酪、生酥、熟酥、醍醐五味來譬喻。

10 成佛的佛性人人具足，只因根機不同才施設四教，讓行人依已根性而入。不管任何根機，解脫的理想是相同的，只是方法不同而已！

11 三十四心斷結成道：即以三十四種剎那之心斷盡煩惱而成就佛道，略稱三十四心。三藏教菩薩扶惑潤生，歷劫具修六度梵行饒益有情，最後至菩提樹下一念相應，慧發真無漏智時，以八忍、八智、九無礙、九解脫頓斷見思習氣而成正覺，故稱三十四心斷結成道。

12 一開始修持的心念不同（因位），所修的果德就不同。所謂心造十法界、種如因即得如是果也。

13 五味：乃譬喻佛陀說法之五時內容。乳味譬如華嚴時，酪味如阿含時，生酥如方等時，熟酥如般若時，醍醐如法華涅槃時。

14 四教：因初發心的修持理念不同，故其所證的果德也有差別。例如：同是行走的人，目的地不同，當然其結果也不同。

第六章◆方便

在實踐門中，
首先必須具備的條件是二十五方便法。

二十五方便

總述二十五方便

《摩訶止觀》的第六章解說修行止觀的前方便，即二十五方便。雖然二十五方便在《天台小止觀》或《釋禪波羅蜜次第法門》中已略述其意義，而在此，為強調它在《摩訶止觀》正修止觀之前的重要性，更一一加以深入闡釋。

方便，又名善巧，以微妙的善根能令修一切行持，依此方便成就真性軌、觀照軌及資成軌，而且從初發心的方便成就三軌而入圓教的初住菩薩位。

《大智度論》卷二十九說：「能以少分布施、少分持戒，所得功德般若於聲聞、辟支佛上。」即是這種意思，因善巧方便回向，故有智慧的引導力，又方便者以善力

能和合眾緣故！

《大品般若經》卷二十七說：「如來身者，不從一因一緣生，而從無量功德生，顯此善巧功能即是方便。」如依方便的層次有四種方便：

（一）藏教內外凡位方便：在阿毗曇中，五停心為遠方便，以四善根為近方便。

（二）圓教內外凡位方便：以五品弟子位的觀行位之外凡位為遠方便，以六根清淨的內凡位為近方便。（圓教以理即、名字即、觀行即為凡夫位；以相似即、分證即、究竟即為聖位。）

（三）止觀中的方便：在《摩訶止觀》中，以二十五方便為遠方便，以正修的十境、十乘觀法為近方便。

（四）六即佛論的方便：在六即佛論中，以名字即、觀行即為遠方便，以相似即為近方便。（相似即相當菩薩的十信位）

論及二十五方便生起的因緣，佛法是必須靠人來弘揚的，而人能弘揚佛陀的勝法是必須靠因緣方能成就，故，修止觀之前須具備外在五種因緣條件，有此因緣後，更應斷除外在物質等貪欲（呵五欲）及對一切法的貪染心（棄五蓋），內心能夠清淨後，再調身心息等五事（調五事），身心調和後，更須以五種善念（行五法）幫助道的修持以精進不懈。

具五緣——持戒清淨

二十五方便的第一項是具五緣，內容指持戒清淨、衣食具足、閒居靜處、息諸緣務、得善知識。首先介紹持戒清淨，可分四項說明：戒名、持戒、犯戒、懺淨。

一、戒名

依《大智度論》卷二十二，戒的戒相為：念清淨戒、不缺戒、不破戒、不穿戒、不雜戒、自在戒、不著戒、智者所讚戒。（無諸瑕隙，名為清淨戒。）

這十種戒的意義是以性戒為根本，《大智度論》說：性戒者，是尸羅，即身三（殺生、偷盜、邪淫）、口四（妄語、惡口、兩舌、綺語），更加不飲酒，是清淨慧命所必須要預防意念之過失。又說二十善是尸羅（戒也），不管佛出不出世，世間常有的行為，故名舊戒。不管佛出不出世，凡夫也修四禪八定，是名舊定。外道等六十二種邪見，是名舊惡。現今佛陀所教授的三皈五戒、比丘二百五十戒，是為客戒根本。

又有十種得戒情況：

（一）如佛陀所言：「善來比丘！鬚髮自落，袈裟在身，鉢盂在手。」猶如出家五年的知法比丘，因善知法義、三業清淨，自然獲得具足戒。

（二）如摩訶迦葉發誓言：「世界所有成就羅漢者，我皆皈依。」因為佛是我師，我是佛弟子，而且經典也是我的老師，我隨教義修行，所以我是經典的弟子，這是認同本師而得戒。

（三）如憍陳如見到真諦理，證得初果而得具足戒。

（四）如波闍波提比丘尼，以發誓受持八敬法而得具足戒。

（五）如達磨提那比丘尼身相端正，為賊所非難，佛為他開示而得戒。

（六）如七歲須陀耶沙彌與佛論議，他的智慧超過二十歲的人，佛允許他受戒。

（七）如耶舍比丘等，由說「比丘！請到這兒來吧！」而得清淨具足戒。

（八）如跋陀羅波楞伽於佛前受三皈依戒而具足戒法。

（九）如在邊地（佛法不興盛的地方）可遵從五位律師教授而得具足戒。

（十）在中國必須三師七證（十人）白四羯磨[1]而受具足戒。

十種由事相持戒而得戒者皆屬客戒。從禪法來說，根本的四禪八定及從事相作觀的各種觀、練、熏、修[2]等禪法皆屬客禪。從智慧來說，四聖諦的智慧是佛出世證悟所得，以教化世間之真理，也叫客慧。

另，分別戒律的輕重有性戒、遮戒之別。所謂性戒就是不待佛制的戒，不管佛出不出世間都是做人必須遵守的戒律。「性」的意思是本質，「性罪」本質上是不道德的，損及個人道德的，像殺、盜、淫、妄等四罪。

與性戒相對的是遮戒，遮戒是佛陀所施設的戒，一方面防範違犯重戒，一方面避免世人譏嫌。所以遮戒有兩種意思，一是遮、一是避。

遮是若小事不處理則會引生重戒的違犯，避是避世譏嫌，不持的話會讓社會的人士有些不利於僧人的批評，如比丘與女信徒共行。

定共戒與道共戒：定共戒新譯「靜慮律儀事」，指三乘聖者若發色界定則自然獲得防非止惡的戒律功能。道共戒新譯「道生律儀」或「無漏律儀」，即指三乘聖者若發得無漏道則自然契合廢惡、修善的律儀原理。就此，小乘有部的見解和大乘唯識家之說有所不同。

有部以為定共戒與有漏定是相等的，而大乘則認為定共戒是通於無漏並通於無色界的，大小乘皆認為道共戒依於無漏道並說此二戒隨心轉。

二、持戒

天台宗又依《大智度論》卷八十七所載之文，立有十種戒律：

（一）不缺戒：謂修行之人受持淫、殺、盜、妄四重等性戒而無缺損毀犯，並且常自守護，如愛明珠，則能攝一切法，若犯淨戒則如器物已缺損無法堪用。

（二）不破戒：持出家的十三僧殘戒而無毀損，若犯戒法則如破裂的器物不堪為用。

（三）不穿戒：持出家的波逸提戒而沒有毀犯，若有毀犯則如穿漏的器物無法盛物。

（四）不雜戒：持定共戒，心住禪定沒有雜念，故名不雜。例如：《涅槃經・師子吼菩薩品》說：「若有菩薩雖不與女人和合，但與女人在言語上嬉笑怒罵，這樣的菩薩已有欲念，毀壞淨戒，汙辱梵行，令戒不清淨，不能稱為淨戒具足。復有菩薩，自己說戒行清淨，雖不與女人和合與嬉笑怒罵，而於牆壁外聽女人妝扮的飾物聲音，此名菩薩已有欲念，不能稱為淨戒具足。復有菩薩，雖不犯以上所說，但樂見男女互相嬉笑追逐，此名菩薩已有欲念，不能稱為淨戒具足。」

（五）隨道戒：指聲聞初果之人隨順四諦理，能破除見惑[3]無所分別。

（六）無著戒：二乘人見真諦理能成就聖道，於各種思惑無所染著。

（七）智所讚戒：菩薩於諸世界化導眾生，為智者所讚歎。

（八）自在戒：亦是菩薩化他的大戒，謂菩薩化他妙用於諸世間而得自在無礙。

（九）隨定戒：菩薩隨首楞嚴定現諸威儀利導眾生，雖威儀變現而任運常淨。

（十）具足戒：菩薩持中道第一義諦戒，用中道慧遍入諸法，無戒不備。

此十戒中，不缺、不破及不穿三戒是律儀戒，為散心凡夫所持；不雜戒是定共戒，為定心凡夫所持；餘六戒皆是道共戒，為聖者所持。

道共戒之中，隨道戒是初果，無著戒是三果，二者皆為聲聞所持。

智所讚、自在、隨定及具足等四戒皆為菩薩化他時所持的戒。

再從觀法角度，說明十戒的觀法。不缺戒、不破戒、不穿戒、不雜戒等四戒，是觀心因緣而受持的戒。若觀一念心，是從惡緣所生，能止住惡念的心，即能持清淨戒，是名「觀心為緣生法」為觀境。

隨道戒、無著戒，是體空觀之持戒相，即所謂「觀善惡所生即是空」；如《金剛經》云：「若見法相者，名著我、人、眾生、壽者。若見非法相者，亦著我、人、眾生、壽者。不見法相、不見非法相。如筏喻者，法尚應捨，何況非法？」所以知道法與非法，二者皆無自性空，是名體空觀的持戒相。又防止思惑的產生，隨順真理修行，是名觀因緣生即空的持戒。

智所讚戒、自在戒，是假觀的持戒相。若能知心不是永恆不變的心、世間萬法也是剎那變化，而不執著於心及外相的法，隨緣廣利眾生，是「智所讚戒」。雖廣分別無量心法，知道世間相是假合而有，如虛空相，不生愛取執著，是名「自在戒」。此二者為「觀因緣生即是假」之持戒。

隨定戒、具足戒，是中道觀的持戒相。於持戒時，觀照心性，畢竟寂滅，不著空、不著有，二邊寂靜，是名「觀因緣生即是中」。

十種戒法之受持，如次頁圖：

從觀心持戒的角度而言，戒的意義，有五種名稱：防止、毘尼、波羅提木叉、誦、律等。

（一）防止者：修空、假、中三觀，名能防（煩惱之生起），三惑名所防（煩惱的內容）；如此防止的意義，所有法門的修持，皆是如此，不局限於身業與口業。

（二）毗尼者：名「滅」，滅除身業、口業之過失。今觀心也稱為滅，透過空觀能滅除見思惑的過失，修假觀能滅除塵沙惑之煩惱，修中道觀能滅無明惑之根本無明。

（三）波羅提木叉：意譯為隨順解脫、處處解脫、別別解脫、別解脫、最勝、無等。此戒以防護諸根，增長善法，乃諸善法中之最初門，故稱波羅提木叉。觀心也是如此，若不觀三諦的真理，就無法斷除三惑，得到解脫；若能見到三諦真理實相，就能獲得真正的解脫。

- 因緣所生法——通為觀境
  - 1. 不缺戒
  - 2. 不破戒
  - 3. 不穿戒
  - 4. 不雜戒——定共戒——凡夫入定所持
- 觀因緣生法即空——空觀持戒
  - 5. 隨道戒——初果見諦聖人所持
  - 6. 無著戒——三果行人所持
- 觀因緣生法即假——假觀持戒
  - 7. 智所讚戒
  - 8. 自在戒
  - ——菩薩利他所持
- 觀因緣生法即中——中觀持戒
  - 9. 隨定戒
  - 10. 具足戒
  - ——大根性菩薩所持

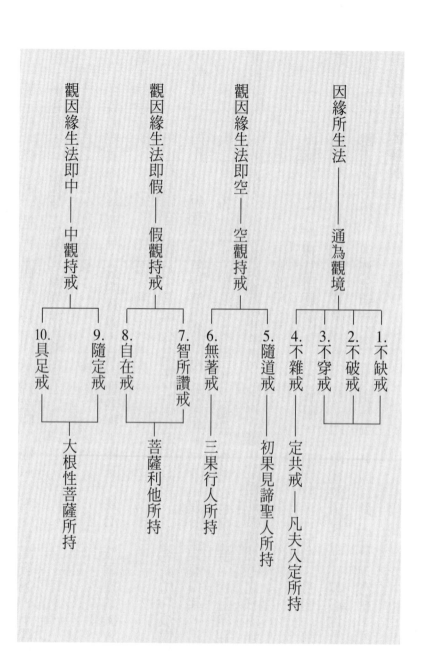

（四）誦者：記背文字、默默受持。今觀心也是如此，空、假、中三觀，是詮釋三諦的道理，即是文字。知道名字文言，假名而有，使觀法念念相續，常自現前，不生妄念，名為「誦」。

（五）律者：權衡輕重，分別犯與不犯之界限。觀心也是如此，詮釋煩惱與智慧，也有輕重之別。分別見思惑，粗惡深重，是三界內的無知小輕業；塵沙惑是外相習氣，遍及法界，是小重業。根本無明惑很微細，是菩薩於三界外所斷，故是深重業。以三觀觀三諦理，能破除見思惑、塵沙惑、無明惑，是為不犯；若以見思惑、塵沙惑，障礙觀三諦理，是名為犯。三種藥（三觀）治三種病（三惑），是沒有錯誤的。

人有四種，若論果報，南瞻部洲的人為下下；若以遇佛聞法來說，南瞻部洲的人為上上。從事項上，人修持戒法所感之善道，分為三品：上品持戒者，招感生天的果報；中品持戒者，招感為人的果報；下品持戒者，感得阿修羅的果報。惡道也分三品：輕者入餓鬼道，其次墮入畜生道，重者墮入地獄道。如次頁圖：

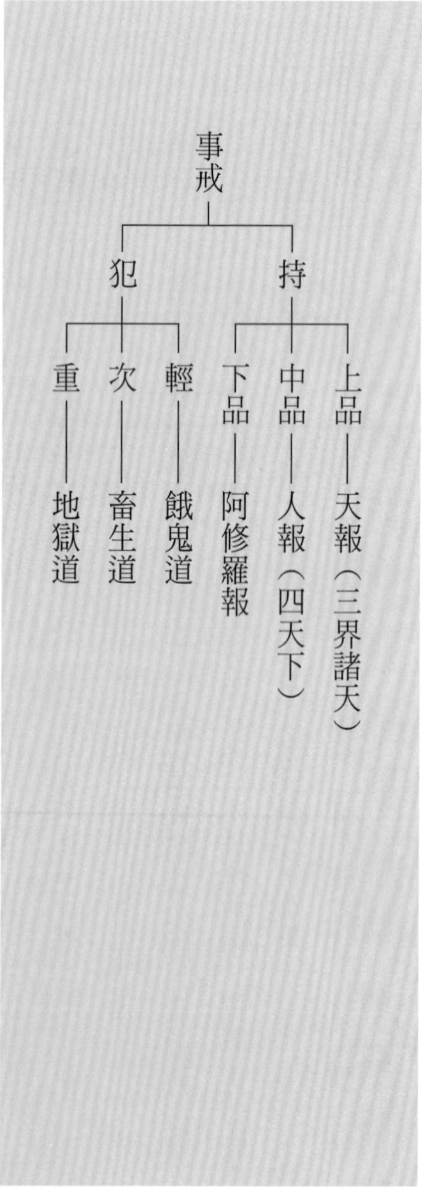

從理上持戒，修持空、假、中三品，各有上、中、下之別。空觀三品者，下品為聲聞、中品為緣覺、上品為通教菩薩。在假觀三品者，下品為三藏菩薩、中品通教出假觀菩薩、上品為別教菩薩。在中道觀三品者，下品為別教菩薩、中品為圓教菩薩、上品唯佛一人。唯佛一人，能具持清淨戒。中道觀心，即是法界。摩訶衍（大乘）偏攝一切法，從以上所說的義理，可以知道。持理戒內容，如左頁圖：

- 持理戒
  - 即空
    - 下品——聲聞
    - 中品——緣覺
    - 上品——通教菩薩
  - 即假
    - 下品——三藏菩薩
    - 中品——通教出假觀菩薩
    - 上品——別教菩薩
  - 即中
    - 下品——別教菩薩
    - 中品——圓教菩薩
    - 上品——佛

從觀心而言，戒有五種名稱，從意義上，是清楚可以知道的。縱然在事項上，精進修持淨戒，但心有雜念，事項的持戒還是不能圓滿的；若遇到愛見的煩惱，就會違犯戒法了。若能觀心，妄念不動，理觀分明，六根皆能持戒；假使遇到惡緣，也能堅固不失。理念上，不會有雜念，外相事戒即能圓滿。

具五緣的第一項持戒清淨。已介紹戒的名稱、戒的受持，接著說明「犯戒相」。

三、犯戒

毀滅清淨戒的原因，不出癡愛、顛倒見兩種。這兩種是毀滅戒法的冤家，《大涅槃經》把癡愛、顛倒見，喻如二羅剎。經上說：「譬如有人帶著浮囊，要渡過大海。當時海中有一羅剎，向此人索取浮囊。這個人不管多少都不給他。」

修行人也是如此，發心受持戒法，誓要渡過生死苦海，愛見兩個羅剎，就會來乞討戒行的浮囊。愛羅剎說：「可以令你安穩，進入涅槃」的是——放縱欲樂中獲得歡喜，稱為涅槃。如饑餓者獲得食物、如貧苦人獲得珍寶、如獼猴獲得酒，就能獲得安樂。以迷著於世間欲樂，稱為涅槃，以此來誑惑修行人。若隨愛轉，毀滅殺、盜、淫、妄四重罪，是為全棄浮囊，是名犯戒相。

若愛心生起，不隨愛轉，不棄浮囊，能思惟：我今想渡過生死大海，若戒行不清淨，會墮入三惡道；而且，不能生起禪定與智慧。故心生恐怖、害怕「寧可被殺，也不丟棄浮囊」，此為持戒相。

受持戒法如同擁有渡過生死大海的浮囊一般，若犯四重戒就如同丟棄浮囊一樣。若愛心生起，隨愛染起諸摩觸造貪愛煩惱業，如同丟棄半個浮囊一般，是名犯戒相。縱然是突吉羅等生活行為的小戒也容易使人放逸，如同水滴雖小，但久了也會穿石，於生死大海中終究會淹沒至死。

所以，愛心是破律儀戒；貪染等五欲破定共戒；深著生死，造諸惡業即破空戒；不懂愛護眾生、做事不懂避譏嫌，惹人厭煩，是破假觀戒。不信戒法功德，不相信受持戒法能具足一切佛法，不相信此戒畢竟清淨，是名破中道戒。

其次，是惡見羅剎的問題。修道人在知見上，對於「已生起之惡」要一心精進令它斷除，不為財色而毀滅戒法，平時也要一心精進，讓「未生起之惡」不會生起。

佛陀在世時，有一位比丘證得四禪定以為是證得四果羅漢，臨終時見到中陰身，即毀謗佛陀說：羅漢不是已證得無生，為何還是見到中陰身的生起？這時阿難請問佛陀：「這個人現在生在何處？」佛陀說：「此人已墮入地獄。」雖然持戒獲得有漏的禪定，但因未斷盡煩惱，終究是生死輪迴的。佛陀在世時，尚且會有如此惡見的人，何況末法時期的眾生罪根深重，惡見之惑必然眾多。

什麼是惡見？對於空意有少許了解、發少許智慧就自以為證得無生，這種錯誤之見能破壞佛法知見、撥無因果、心中無佛無眾生。破除正見的人對於外在的行儀、修道人的生活方式等認為是沒有分別的，沒有所謂的有罪無罪。認為有分別的話即是障礙，有障礙就不是真理了。在貪欲中，不要生起恐怖懷疑，沒有恐怖懷疑即是菩提，這樣的看法才是真實，其餘的都是妄語。

若再遇到惡師說惡法，錯誤知見之毒就越來越深，邪見入心，錯誤的見解就越嚴重了，猖狂顛倒、無所不為，因此貢高我慢，見行善的人就認為是有所得而作，欺凌行善的人，此錯誤知見如同渡過生死苦海卻完全丟棄戒行的浮囊一般。

破除正見的人，不信因果業報，把世間法與出世間法，混為一談。不知世間有善有惡、有男人女人、有是有非、有因有果、有業有報；在出世間法中，一切皆緣起無自性，此兩者是不能混淆的。因為世間有世間的因果，出世間有出世間修為的因果，若不知其分別，就會因一句：「修道人不落因果」而墮五百年的野狐身。

由此可見，錯誤知見的業果，是令人畏懼、恐怖的。因為，知見錯誤的人，認為沒有殺、盜、淫、妄的四重罪，也沒有犯罪的人，連殺父、殺母、殺阿羅漢、破和合僧、出佛身血的五逆罪，也是空的，那裡有造罪的人與業？一切都是如此，沒有殺害之事，心中也沒有父母的存在，做一切事，也不認為有什麼障礙，唯國王與其夫人是不空的。

因為愛惜自己的身命原故，若侵犯國王，必然身命危脆。如此錯誤知見，把一切行為當成空的，對於自己的身體與生命、國王等，認為是有的，那為何心中會沒有父母？為何也輕視佛教？當知此人，連自己的心念行為，都不能知道好壞，何況是真理實相？

既以錯誤的空見解，撥無因果、破壞佛法，是破律儀戒。以錯誤空見，而失去定心，是破定共戒。堅持執著己見，是破空見。以錯誤知見，汙染別人的善心，是破菩薩的假戒。不見自心的正念與真理，不知佛法畢竟清淨，是破中道戒。如次頁圖：

- 以惡空撥無因果、破壞佛法——破律儀戒
- 空見擾亂正念的心——破定共戒
- 堅持執著己見——破即空戒
- 以此惡見妨礙別人善心增長——破即假戒
- 不信自心清淨與佛法畢竟清淨——破即中道戒

所以，錯誤見解空意的心，其後果是令人恐怖、畏懼的，若墮此惡見，常沉淪生死大海，不但不能自我解脫，何況是究竟解脫？

空是佛教的真理，是為了去除我執、獲得解脫，但錯解空意就更遠離解脫道了。《中論》說：「佛陀說此空法，本來的目的是為了對治世間執著實有的偏見，若執著此『空法』，非諸佛教化的本意。」

又，《涅槃經》上說：「若於世間諸法，察其不實的現象者，必能破除如須彌山的煩惱，但若生起惡見，則無法教化也。」以上所說，是名「惡見羅剎毀滅禁戒」的大意。

論持戒清淨，已經以愛惡見兩種羅刹說明毀滅十種禁戒的可怕，今再說明持此十戒的情況。以下從戒的「通」、「別」來敘述：

若以通論來說：人乘、天乘、聲聞乘、緣覺乘、菩薩乘（佛乘）等五乘都叫乘，這五乘人以戒來防非止惡，所以有律儀戒、定共戒、道共戒的區別，從個別戒來說有事戒、理戒兩種，並各有三品。

一般而言，超越欲界、色界、無色界之三界苦就稱為乘，凡防止墮入三界苦即稱為戒。再深一層意義來說，有上、中、下之三品事戒，如身口意之五戒名之為戒，但仍是有漏的、有業力造作，尚未出三途苦，只是知所節制而已，所以稱之為事戒。能證得五戒之理，不必自我節制就能行為從容，合乎五戒能超越三途苦即是乘，稱之為理戒，已是無漏，不受業力牽引。今就此乘與戒的意義，分四句來闡釋：

（一）乘戒俱急：若能於十種戒中持戒清淨，於行為、觀念都能念念清淨，今生即應獲得解脫。若未能得道，但因清淨心的業力必能往生善處。若於律儀戒持戒清淨，必得人天果報。若無雜戒急，隨修禪定之次第能證入梵天境界。

在理戒三品中，何乘最急？即中乘急，以人天身值彌勒佛出世聽聞《華嚴經》之成佛經教，利根者便能得道。若在上品出假乘急，以天人身值彌勒佛出世於《華嚴經》之法座上，鈍根者即能得道。

乘戒俱急的理戒中，在上品出假乘急，以人天身能於彌勒佛出世時聽聞《華嚴經》的法座上，鈍根者能得道。接著，上中二品入空乘急，以人天身值彌勒佛聽聞《方等經》、《般若經》等教，得三乘等道。若於下品入空乘急，以人天身值彌勒佛出世聽聞《三藏經》教就能得道。得人天身是持事戒的力量，見佛得道，修乘觀（理觀）力，事相、理觀都受持，是所有修行中最殊勝的，所以是不能怠慢的。如左圖：

以人天身，值彌勒佛出世

三品即中道乘急——聞《華嚴經》教，利根者得道

上品出假乘急——聞《華嚴經》法座，鈍根者得道

上品、中品入空乘急——聞《方等》、《般若》等教，三乘者得道

下品入空乘急——聞《三藏》教得道

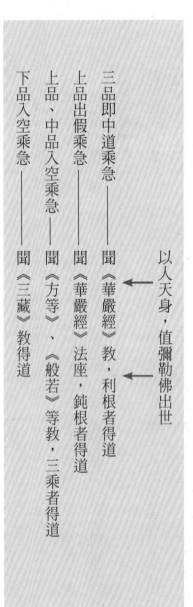

（二）戒緩乘急：此人福德淺薄、煩惱垢重，被煩惱習所驅使，在事相戒法的修持，離不開愛與見的執著；故於理念上專心守戒，令持戒的心，能念念相續。如：央掘摩羅一心想要追求真理，但不知事相的真實，於貪、瞋、癡等六蔽[4]中用心，受著邪法不起正見，所以，墮入三惡道中。在觀力中，那一種觀力最強，就以最強的觀力，去流轉或解脫。

假使是析空觀的觀力強，雖以三途身（餓鬼、畜生、地獄），值彌勒佛，聽聞三藏經典，仍然可以得道。若空觀力強，以三途身，遇彌勒佛出世，聽聞《般若經》、《方等經》等大乘經典，仍然可以得道。若假觀力強，以三途身，遇彌勒佛出世，聽聞《華嚴經》等大乘經典，利根的人可以得道。

所以，佛說漸頓等經典時，會中有龍、鬼、畜生等眾生，即是事實。此類眾生因破戒故，受三惡道身；若能於念觀力強，聽佛說法也能得道。如次頁圖：

以三途身，值彌勒佛出世

析空乘急——聞《三藏》教得道

即空乘急——聞《方等》、《般若》等教得道

即假乘急——聞《華嚴經》法座，鈍根者得道

即中乘急——聞《華嚴經》利根者得道

（三）理事戒的戒急乘緩：事相持戒上，嚴守戒法，絲毫不犯，但是理念上，對於空假中三種的觀心卻無法了解。因持戒嚴謹的緣故，受生於人界與天界，有的隨修禪定的境界沉迷於禪定的法樂中。

世間雖有佛陀說法以度化眾生，但他們皆不聽不聞，不會有所獲益，假使能遇到佛陀，但因不作思惟也無法了解、開悟。在人天的福報中，修持任何行法，若不觀心，果報享盡，還是會墮入三惡道的，縱然百千佛出世也無法得道。

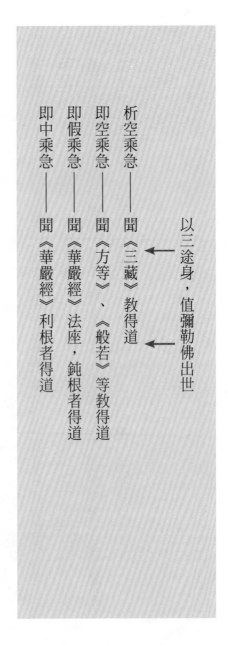

（四）事理俱緩：不但在事相上不持戒法，理念上也不懂思惟、察覺，如前面所說的十種戒法都有毀犯，只有墮入三惡道中失去人天的福德，精神昏沉暗塞，輪迴流轉不得解脫。

修道的人對於外相上的戒法，哪些是應該嚴格遵守的、哪些是持戒的方便都應該知道。在事相戒法上的三品（空、假、中），哪一項是最重要？理戒上的三品（空、假、中），哪一品的觀力最弱？自己都也要知道才能認識其中的善惡果報，假使自己能夠清楚也能由此得知別人的情況。

以此觀照的理念，也能觀察經典中佛陀教化眾生機緣大小，所以《華嚴經》會上的鬼神皆說「聽聞《華嚴經》是住不思議解脫法門」，這是以善巧方便而引導眾生進入真實，以修不思議的理觀力得道，進入涅槃聖眾中。

四、懺淨

不管事相上犯戒或心念上犯戒都會障礙修持止觀而使定力、智慧不能開展，應該如何來懺悔才能令罪業消除而不會障礙修持止觀？若在事相上犯輕微的戒，律藏中都有懺悔的方法可以懺悔清淨。戒行清淨，障礙就會轉化，修學止觀就能清楚明白。若犯殺、盜、淫、妄等重戒，在小乘的戒律中，是不通懺悔的，只有在大乘法中才有懺悔法門可以懺悔。

若在心念的理觀上，見解有瑕疵，這個人執著心較淺，可以正觀的力量破除其見解上的執取，使其心生慚愧，轉入正念，罪障若除就能引發止觀的修為力量開發智慧。懺悔清淨指假使犯理觀心念上的重戒須要於觀心中修習懺悔，若犯事相上的重罪，依四種三昧來說，就有懺法可以懺除。

《普賢觀經》說：「端坐念實相，是名第一懺。」《妙勝定經》說：「若犯四重戒及五逆罪，只有禪定的力量方能得救。」《方等經》說：「三皈五戒乃至二百五十戒，若有違犯都應該懺悔，令它清淨。」《請觀音經》說：「破除梵行的人，造十惡業，都要盡除汙垢，懺悔清淨。」

依照以上經典所說，可以知道大乘法中是可以懺悔的。罪從重的因緣生，就要從重的心念來懺悔才能對治，如果沒有殷重（殷勤懇切）的心，只有懺悔儀式也是沒有用的，障礙不滅除，修學止觀是不清明的。

假使有人在現生中起了重罪，只要懺悔就能消除，因為迷路近故，若是過去的重罪要懺除就比較難了，因為迷路較遠故。

若想懺悔二世（過去與現在）的罪障，行四種三昧的人順著世俗的十種心以明白過失，並且要用逆流的十心來加以對治，這二十種心即是各種懺悔的根本。

順著世俗的十種心是從細到粗，最初由一念無始以來的無明乃至成就一闡提的罪業，而逆流十心則從粗到細，先破一闡提的罪業到破除無明的自性空。在順流中，愛與見的煩惱同是從細到粗順於生死，故稱順流。順流十心指：

（一）內心執取有我與人之妄見：自從無始以來被煩惱所迷，認識不明，妄執有我及人的存在，所以生起執著五蘊和合的色身是實有的，由此身見起妄想顛倒，因顛倒故生起貪瞋癡，由於愚癡故廣造各種惡業，故隨業流轉生死。

（二）內計我人、外加惡友：內心已有諸多煩惱，於外境又遇到惡的朋友鼓動行邪法，使煩惱倍加深重。

（三）不能隨喜：內外都具足惡的因緣，於內能消除善心，於外滅除善事，對於他人行善皆不能隨喜。

（四）無惡不造：放縱身口意三業，無惡不作。

（五）惡心遍布：雖然所作事少，但惡心遍滿身口意的三業。

（六）晝夜相續：惡心相續，晝夜不斷。

（七）覆諱過失：掩蓋自己的過失不讓人知道。

（八）不畏惡道：無慚愧心、粗魯跋扈，不怕造業墮入惡道。

（九）無慚無愧：沒有慚愧心。

（十）撥無因果：沒有因果觀念，造一闡提業（五逆重罪）。

以上十種順流生死的心都是由於不知因果業報，身心隨貪瞋癡造諸惡業乃至造四重五逆之闡提罪，故流轉生死，永無解脫之期。今要懺悔罪業，應當用逆流十心來破除惡法。首先，說明愛染煩惱作懺悔的逆流十心：

（一）正信因果：正確的相信因果才能決定行為的好壞。任何行為只要有所造作必不會消失的，凡事都是自作自受，不會我種因他人受果報，能真正認識因果善惡不生疑惑是為深信，是破除一闡提心的第一要件。

（二）生重慚愧：自己造惡時，能自行慚愧懺悔。慚即自己不造罪，愧為不教他人造罪；慚是在自心中感覺羞恥，愧是自己之罪向他人披露而感覺羞恥；慚為對人之羞恥心，愧為對天之羞恥心。能生慚愧心者，方能改變造惡的心。

（三）生大怖畏：恐怖害怕會墮入惡道。人命是無常的，尚有一口氣在時，若不積極修行，等到失卻人身就萬劫難復了，而且沒有福德資糧，墮入三惡道的苦海中流轉。

譬如野干（野狐）被人切了耳朵、尾巴、牙齒後，才驚覺到生命的危險，心生恐怖，佯裝睡眠而希望逃脫。一旦恐怖心生起，如赴湯蹈火，世間的五欲六塵已無心貪染了。

又如阿育王的弟弟阿輸柯王，因阿育王給他七日生命享受世間的榮華富貴，但阿育王每天都振鈴告知：一日過去了，數天後當死。阿輸柯王雖有五欲樂，但無一念的愛染。行人心生怖畏，不惜身命懺悔過愆也應如此，才能破除墮三惡道的煩惱心。

（四）發露懺悔：發露懺悔時，不要覆蓋自己的錯誤。譬如不可掩護偷賊，剪樹木時不能留毒樹毒草一般，而且發露時如同砍樹，要連樹根一併剷除，讓覆蓋的煩惱心一併懺除，假使覆蓋自己的罪障，是不道德的人。

如佛陀對迦葉尊者等人說，若有罪過，要在大眾中發露懺悔，才能清淨。在大乘《方等經》中提到，若人犯錯，應向一位大德發露懺悔，才能清淨。其他的懺悔法門指出，以真實的誠心在佛前懺悔改過，方能清淨。若人犯過，如身體隱密處長腫瘡一樣，若覆藏不治療的話就會不治而死。

（五）斷相續心：若人犯過懺悔後，決定永不再犯才是真懺悔。懺悔過後若再犯的話，如一般犯罪一樣，初犯還可以原諒，再犯罪業就更重了。所以重犯的罪是很難消滅的，應該要斷相續造惡的心。

（六）發菩提心：之前為自己的福德、智慧發菩提心，為的是不惱害別人，現在發菩提心，是為了遍虛空界廣度一切眾生，利益一切人等，以此遍破一切處及容易生起的惡心。

（七）修功補過：往昔不分日夜使三業不斷造罪，今日為了身口意轉善，要勤奮策勵不休，以此破除放縱三業造業的罪。

（八）守護正法：過去自己不行善也促使他人不能行善，對他人行善不能隨喜也不喜歡他人隨喜，今應守護正法，增加各種方便，不斷的行一切善。《勝鬘經》說：

「守護正法，攝受正法，最為第一（功德）。」以此破除無隨喜心的惡念。

（九）念十方佛：過去親近惡知識，聽信惡知識的話，損壞人的善根，今念十方佛，念無緣慈，對一切人等作不請之友，念無礙的智慧，幫助一切人，作人天大導師，以此破除順從惡友的心。

翻破愛染煩惱、逆流十心的最後一項，是「觀罪性空」：

（十）觀罪性空：了達貪、瞋、癡的心，都是由因緣而生，沒有自性，皆是寂靜門。因為貪欲生時，知此貪念即是妄念，因妄念故有顛倒，由顛倒而有執著的身見，執著的身見，是由於有我見。而我見在哪裡？十方諦求，我是了可得；既然沒有真實的我，就沒有真實的罪福。若能深知罪福的無自性，徧照於十方，令此空慧，與心相應。好像日出時，早上的露水，就會因陽光而消失。若能了知一切的心念，都沒有自性，即是寂靜門。以此，能破無明昏闇的煩惱。

以上，十種懺悔是順著修涅槃道、逆生死流，能滅除四重、五逆重罪的法門。若不解此十心的意義，全不認識什麼是與非，又如何能懺悔？假使不了解此十心的意義，在道場中，也只是修苦行而已，對修行一點利益也沒有。《涅槃經》說：「若人勤修苦行，能接近大涅槃因緣者，是絕對沒有的事。」不懂得懺悔，只在相上造業，就是如此！懺悔愛的過失中，以逆流十心破除順流十心的惡，如下圖：

以下，懺悔「見」罪。「見罪」是因見惑的煩惱，順著生死流轉。也有十心來翻破煩惱：

（一）翻破不信者：不信三寶、因果者，即是一闡提的心。闡提的心，是由身見所生起，故要令他認識世間善惡果

懺愛罪

逆流十心	破除	順流十心
1.正信因果	——	一闡提的心
2.生重慚愧	——	無慚愧心
3.生大怖畏	——	不畏惡道心
4.發露懺悔	——	覆藏罪心
5.斷相續心	——	常念惡事心
6.發菩提心	——	遍一切處起惡心
7.修功補過	——	放縱三業心
8.守護正法	——	無隨喜心
9.念十方佛	——	順惡友心
10.觀罪性空	——	無明昏闇

報、因果流轉的「苦集」。由於身見，故有八十八煩惱。如左圖（出自佛光大辭典）。

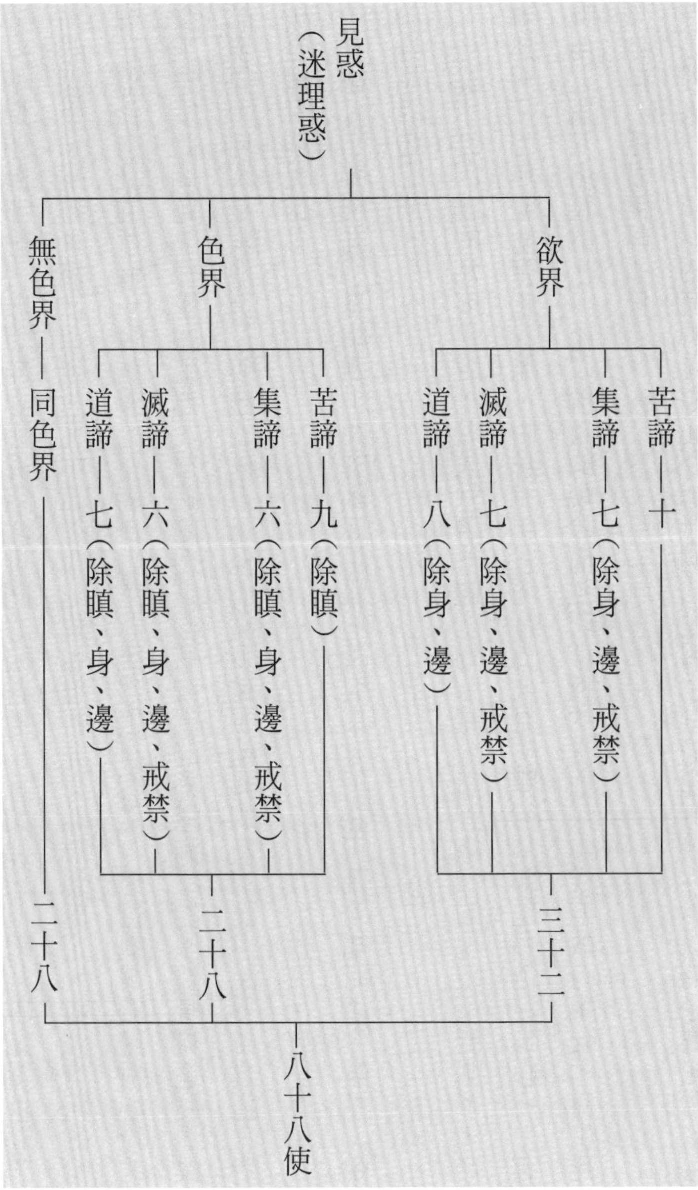

如鬱頭藍弗證得非想非非想處定，世間的人對他崇拜如佛，但因為不知道世間苦集的因果，福報享盡後還墮惡趣中。須跋陀羅也獲得非想非非想處定，雖沒有粗的念想，但仍有細的煩惱。舍利弗的舅舅長爪梵志雖然很有智慧，但仍執著於證悟心境的受與不受的問題。像鬱頭藍弗、須跋陀羅這樣有成就的外道尚不能出離身見達到涅槃的境界，何況是其他德行較淺的外道，他們不及鬱頭藍弗的層次而自說獲得真道，豈不是離真理更遠！

故，一闡提的心是指對世間的因緣果報（苦與集）不能正確了知而產生身見，由於身見故造惡業。

從十二因緣的角度來說，若人執著於觀空的智慧，對因緣法的現象不能明了，名為無明，因無明而生起身見，由身見起各種行為，見解與行為即是名色（身心），有此身心就有各種的苦，不了解苦的現象而生起種種的愛取，由愛取故有生死，有生死煩惱於六道就流轉不停了。

若人執著無明的流轉現象而不知無明的生起也是緣起無自性，以為見到無明的生起即是道，以非因為因，非道為道，這就好比看見牛狗死後生天，乃學牛狗所為，食草啖糞，修非因非道之行，執迷此即生天解脫之因，這些妄見稱為戒禁取見。

有漏劣法為聖者所斷，故執此劣法為勝者，稱為見取。見取見又作戒盜見，指不知如來之正戒，妄執牛戒、狗戒等外道不正的戒法而誤以為可通達涅槃之戒行，非果計果，此種執著即稱見取見。

身見、邊見、邪見的情形也是如此，如此的見心還是苦集的範疇，還不是道與滅的修持，三藏教的道與滅尚不能證得，何況是大乘法的道與滅？

在見的煩惱中，破除十種順流心，在「一者、翻破不信」中，只有正確認識世間因果才能證入出世間的涅槃果，於《大品般若經》說：「般若，能顯示世間的真實相。」

從天台四教來說，能知無明、苦集是世間的因果，是三藏教的教義。能認知當下的苦集皆是因緣無自性空，是通教的立場。了達世間一切因緣法，不管苦集滅道都有無量相，皆是假合而有，是別教的修持。苦集滅道的當下皆是即空、即假、即中，如苦諦中，沒有苦的相、受苦的人、受苦的心，深知無作四諦的因果，於一心中能見一切因果，是圓教的果德。故於《涅槃經》說：「於一念心，悉能稱無量生死，是名不可思議。」以此深信破除不信。

（二）生重慚愧：不見我們自心中，空、假、中三諦的道理，是名慚愧。從觀心的角度而言，自然的升進修道，名之為「天」，在賢位[5]上作意，名之為「人」，論人天的慚愧意義是為了要破除迷於三諦理的人沒有慚愧心。

慚者，慚乾慧地（初地菩薩）中人，愧者，愧四果、三十心人及以十地菩薩為「天」。菩薩修行階位中，三乘共十地之第一地，此地有慧而無定，故稱乾慧地。蓋三乘聖人初修五停心、別相念處、總相念處等三觀，雖有觀慧，然未全得真諦法性理水，故稱為乾慧地，而三十心人是指十住、十行、十回向的菩薩。即是說，尚未入乾慧地的行者應該要自我反省檢討，且面對四果羅漢的聖人及三十心的菩薩，也要有所慚愧而精進不懈。

依圓教而言，以五品弟子位、六根清淨位的內凡位、外凡位為「人」，以四十二位的菩薩階位為「天」，例如：以作意修得的果德，名之為「人」，因修持中，自然而然所得之果報為「天」，其他三教也是如此。故，能深入三諦理方名知道慚愧，以此破除凡夫無慚愧的心。

（三）生怖畏：以錯誤的知見造罪，此過錯深重，《大智度論》說：「諸佛說明空的意義是為了讓眾生遠離各種錯誤見解，假使執著空見，是諸佛所不能化導的。」我今由錯誤知見生起大罪業，無量億劫墮於地獄，從一地獄受報盡後又墮另一地獄，如是輾轉無量無邊。故知，知見錯誤的罪過深重，如果不是證得無漏是無法出離生死的，因為煩惱又加上造惡業，必墮落無疑！尚有一息生命在，不趕快懺悔就永無出頭的日子了。因此，對於業報要生起怖畏心，以破除不怕墮入惡道的邪心。

（四）發露：對於各種知見容易產生愛著而覆蓋對三諦真理的了解，所以不能生起決定的信心。現在見到錯誤知見的過失，應該要真心懺悔以破除覆藏罪過的心。

（五）斷相續心：要以對真理了解的空假中三觀時時觀照因緣境，並以八正道對治見思惑、塵沙惑、無明惑的煩惱心，使煩惱業習斷盡，以此破除相續生起的惡心。

（六）發菩提心：即是心緣三諦理皆如虛空般無量無邊，憐愍一切有情，普遍使眾生得到解脫。過去往昔煩惱無邊故罪亦無邊，今發菩提心，應遍於法界並使生起的心念與造作都合乎三諦理，以此破除法界中會生起的一切惡。

（七）修功補過：菩薩行持三諦理、三十七道品等法門證入無作四諦[6]以趨入涅槃解脫門，以此具足一切佛法遍照法界總持一切功德，即是修功補過。

（八）守護正法：今持三諦真理，如父母孩子般以此破除毀滅善事的惡。

（九）念十方佛：昔日懷有錯誤的見毒，如渴飲水，常不厭足；又遇到惡師，如加以鹹水，致使貢高我慢、內心諂曲不實，於千萬劫，不聞佛名字。今念念三諦理，無所來去的實相即是佛，無生法（觀一切法如涅槃相）即是佛。以此破除親近惡友的心。

（十）觀罪性本空：見思、塵沙、無明惑，也是由因緣所生，沒有自性，因無自性，故本來寂靜。過去是我不了解，妄計為非。今觀一切罪福，也是如此，一空一切空，空即是罪性，罪性即空。以此破除顛倒心。懺除見罪的逆流十心與破除的順流十心，如左頁圖：

能運此十種懺悔心，深觀三諦理；又加上以殷重心、不惜生命，事相修懺，名「第二健兒」。（健兒，意指：一、本性不造惡，二、若作後能悔過。）

事懺、理懺共修，障道罪滅，持戒清淨，三昧現前，止觀開發。並以空、假、中的層次，因戒行清淨，分別開發一切智、道種智、一切種智。若能獲得此三諦三昧，一切三昧皆入其中，又名「王三昧」。持戒清淨，能出生一切禪定，故名為「止」；

逆流十心	翻破	順流十心
1. 深信因果	——	不信因果
2. 生重慚愧	——	無慚愧心
3. 怖畏	——	不畏惡道心
4. 發露	——	覆藏罪心
5. 斷相續心	——	相續惡心
6. 發菩提心	——	遍空無作惡
7. 修功補過	——	縱見之過
8. 守護正法	——	毀滅善事
9. 念十方佛	——	狎惡友心
10. 觀罪性本空	——	顛倒心

又能具足一切智慧，故名為「觀」。

故知，持戒清淨，懇切懺悔，是開發止觀之初緣。（持戒清淨竟）

【註】

1 白四羯磨：白，即告白之意；羯磨，意譯為業、作法等。白四羯磨指僧中所行事務，如授戒之作法，規定受具足戒時，三師中之羯磨師向僧眾先告白某某提出出家要求，此即為白（即白表文），其次，三問僧眾贊成與否，稱為三羯磨，如無異議則准予受戒為僧。合一度之白與三度之羯磨，故稱白四羯磨，係最慎重之作法。

2 觀、練、熏、修是出世間禪的四種階段。觀禪：指明白觀照對象之禪，即觀不淨等境以破淫欲等念。練禪：即以無漏禪練諸有漏禪，猶如鍊金，如九次第定。熏禪：指將前一境界更作進一步熏習純熟而開拓自在之境地，如獅子奮迅三昧。修禪：即將前面之境界再作進一步修治而增長其功德，如超越三昧。

3 俱舍宗以執迷於四諦理之迷理惑為見惑，執迷於現象事物之迷事惑為修惑。見惑：即見道所滅之根本煩惱有五利使（身見、邊見、邪見、見取見、戒禁取見）、五鈍使（貪、瞋、癡、慢、疑）等十惑。修惑：即修道時所滅之根本煩惱計有十種，在欲界有貪、瞋、癡、慢，在色界、無色界各有貪、癡、慢。若以此十種配合九地更依煩惱之強弱來分，則由上上品至下下品九種共為八十一品，見惑八十八使與十種修惑合稱九十八隨眠。

4 六蔽：慳心（慳貪心）、破戒心、瞋恚心、懈怠心、亂心（散亂心）、癡心（愚癡心）。

5 賢位：小乘的三賢指的是總相念處、別相念處、五停心觀。大乘的三賢指的是十住、十行、十回向的菩薩，此三賢的菩薩又稱為三十心。

6 無作四諦：此係圓教之說，主張迷悟之當體即為實相，認為大乘菩薩圓觀諸法，事事即理而無有造作。苦諦：謂觀五陰十二入等法即真如，實無苦相可捨。集諦：謂觀一切煩惱惑業，性本清淨，實無招集生死之相可斷。滅諦：謂觀生死涅槃體本不二，實無生死之苦可斷亦無涅槃寂滅可證。道諦：謂觀諸法即中道，離邊邪見，無煩惱之惑可斷亦無菩提之道可修。

具五緣——衣食具足

二十五方便具五緣的第二項是衣食具足。修道的人以衣來遮形體，以食來資養色身，如此衣食具足方能安心修道。若以衣來避寒暑、蚊蟲的作用而言，於事相上可以分為三種：

（一）上根者：如雪山大士居於雪山，唯有身披鹿皮遮身，不涉入人間事，沒有任何資助，此為上人也。

（二）中根者：如修頭陀行（苦行）者，只有出家人的三衣（五衣、七衣、九衣），來往山林聚落，以此三衣為主，此為中等修道人也。

（三）下根者：如居寒冷國度又根性薄弱，允許多加些衣服禦寒，但能如法接受供養，以少為足，不會多求，此為下等修道人也。

從觀心的理念來說，身雖披袈裟，心也要去除煩惱趨於寂滅之境。如《法華經》說「著如來衣」，如來衣即是柔和忍辱的心，此是寂滅忍的心境。生死涅槃與中道真理不一不異，是名柔和；安心於中道的實相真理上，是名忍；離生死涅槃的生滅相，是名為寂；沒有分段生死、變易生死的過失，是名為滅。

寂滅忍辱的心能覆蓋生死二邊的煩惱，是名遮醜衣。能去除五住地煩惱[1]，名障熱衣。能破除無明見，名遮寒衣。對於生死、空理沒有擾亂，能去捨覺觀的感受，是名遮蚊蟲衣。此忍的心能具足一切的佛法。

出家的三衣如同三觀，以三觀來觀三諦境，去除愛見、寒熱、蚊蟲的禍患來莊嚴三身，故以三觀為衣即是伏忍[2]、柔順忍[3]、無生寂滅忍[4]，所以修道人以穿衣遮身，應以三觀之理來蔽除各種煩惱惑。五根沒有造惡即福德莊嚴，意念沒有惡念即智慧莊嚴，以此莊嚴法身、報身、應身成就佛道，此是修忍辱衣的意涵。

在衣食具足中，已說明衣的意涵，現介紹食的內容。食物是用來資養色身以安心修道的，依食的種類也分為三品：

（一）上根者：居於深山無人之處，遠離人民，只以簡單花果充飢或以松柏之根補充體力。如雪山大士，唯吃甘果充飢外，皆一心專注思惟坐禪，沒有其他的事，此種食法是上等修道人也。

（二）中根者：居於阿蘭若（寂靜）處，精進修持頭陀行，遠離世俗塵囂。唯依佛陀所制戒法，如法乞食，此是中等修道人也。

（三）下根者：不能以穀果為食又不能頭陀乞食，依信徒布施，送食供養，也可以受食。又於僧團中如法受食也是可以的，此是下等修道人也。

若從觀心的角度而言，出家修道人除了如法受食外，更應以禪悅為食，此法食即是平等大慧，觀一切法沒有障礙。《維摩詰經・弟子品》說：「於食起觀，能令食物遍十方，也應以食為法界，不應貪著事相的美食。」故南嶽慧思於〈隨自意〉說：「凡所得食都應該觀想：此食色香味，上供十方佛，中奉諸聖賢，下及六道品，等施無差別，隨願皆飽滿，令今施者得，無量波羅蜜！」

修道人要以煩惱為薪、智慧為火，以此因緣成就涅槃食，以食物資養色身外，更要以此增長法身慧命，用禪悅法喜來學習一切法，能具一切法即是飽意，如雪山大士唯一草一果就能資養色身。

而頭陀乞食者應當次第以三觀來調伏身心而入中道。次第觀名為乞食，也能入中道，是名飽義，即是中等修道人也。依靠信徒送食者，應隨喜於送食時善說般若或分別各種法門，使聽聞的人都能隨意得解而見中道。因人根鈍須從聽聞了解，名為得食。又於僧團中潔淨食者能證得禪定功德，藉由禪定而開悟，名僧中食。所以，修道的行人心中要常存念著大乘的法喜食來增長法身慧命。

【註】

1 五住地煩惱：即見、思、無明之煩惱，有見一切住地、欲愛住地、色愛住地、有愛住地、無明住地等五種區別，又稱為五住地惑。

2 伏忍：但修習觀解，以有漏之智慧制伏煩惱，稱為伏忍。

3 柔順忍：又作思惟柔順忍，意指慧心柔軟能隨順真理。

4 無生寂滅忍：謂觀諸法無生無滅之理而安住且不動心。無生寂滅忍即聲聞於入見道位見四諦之理，菩薩則於入初地時，諦認諸法無生無滅之理以住不退轉地。

具五緣——閒居靜處

二十五方便具五緣中的第三項是閒居靜處，雖然具足衣食，但修行的住處如何也會影響修行，要修三種三昧（常行三昧、常坐三昧、非行非坐三昧）就必須要有好住處。好的修行住處有三種：深山淵谷、頭陀抖擻、寺廟精舍之清淨處。

（一）深山淵谷：假使在深山淵谷中，路途遙遠、艱難危險，沒有人的蹤跡，誰會來惱亂？專注在禪觀上，念念在道上修，任何毀謗汙辱，心都不動，在此處修行是最殊勝的。

（二）頭陀抖擻：修頭陀行的人是以清淨處（寺廟）、塚間、樹下、露天坐，作為禪修的場所。這四處與市集處有些距離，人際的交往較為生疏，要覺照心念、策勵消除煩惱，此住處是修道次等的地方。

（三）蘭若（閒靜）、伽藍：在閒靜的寺廟中，獨居一室，不管世俗事物，閉門靜坐，正確思惟真理，是較下等之修道處。

要修三種三昧，除以上三種住處外，其餘的地方皆不適合，會因與在家信眾接觸頻繁，容易招來一些無謂的是非，若靠近市邊喧鬧處也無法安心修道。故安心修道處是必須選擇的。

從觀心的角度而言，中道實相的道理是極深遠的，此中道實相是人、天、聲聞、緣覺、藏教菩薩、通教菩薩、別教菩薩所不能到，故名為「深」。其智慧高廣不動，名之為「山」。遠離一異、垢淨等兩邊執，稱之為「淨」。於實相理體上無生無滅，稱之為「閒」。

《大品般若經》說：上品住處是住於憒鬧處而心遠離憒鬧，雖住於城市旁邊也不會生起二乘心，是名真正的遠離。中品的住處，修頭陀行者雖與閒靜處、喧鬧處相鄰，但能修空觀與假觀，能安心於頭陀行上，又能於世俗上分別藥病，以清淨心修道種智，是次等的住處。下品的住處，於閒靜的寺廟中，獨居一室，如修空觀，視一切世間皆假合而有，悟入真諦，也不失為修道好住處。

雖然，初學者修道要從事相上去實踐，真正的行者要修止觀證入空假中的三諦理，非從外相的山林隱密處上去要求，而是於心念上達到遠離塵囂，淨心修道。修道者應善知其意。

具五緣——息諸緣務

二十五方便具五緣的第四項是息諸緣務。世間的因緣事務會障礙修習禪定，所以要停止一切的人際的往來及謀生事業。

世間的四項緣務

（一）生活：停止一切生計及一切有為的事業。修道人在習禪期間應遠離經營生產事業，因與世俗事業的行為必有得失，得失之間會擾亂清淨心，妨礙道業增長。假使是忙於大眾之事，就應隨意念而精勤作務，但這個不是此處所要討論的。

（二）人事：一般的婚喪喜慶、人事的因緣，彼此交流是川流不息的。修行人本為道業捨離眷屬而親近出世間的師長，更須摒除世俗的人際交往才能靜心習禪。

（三）技能：指行醫替人看病、卜卦看相、雕塑、繪畫、咒術等技巧。這些事業對修止觀的人來說，外務太多心易散亂，精神無法專注，妨礙習禪，三昧無法開發，故須息滅世間的緣務。

（四）學問：指讀誦經論或討論佛法的內容。背誦經論須要記憶、受持，心思容易疲倦，言論的往還容易喪神失志，如何有時間修習止觀？此讀誦經論之事於修禪定時尚且須要棄捨，何況是其他三項？

從觀心的角度而言

愛是資養行為的重要因素，因為有愛就有憂慮，有憂慮就會有畏懼，若能斷除愛染是名息生活緣務。

人事是業力行為，因為業力才輪轉於三界六道，因愛而造作行為，才處處受生於三界中，若沒有造作行為，愛染心也無法生起，如此才能斷除生死。

技能者，未入見道位，是不名為修道，一切的神通異相是虛妄法，會障礙修學般若。般若智慧如虛空，絕語言、文字、戲論，故要一心修，方得般若。

學問者，未證得無生法忍而修世間種種分別的世智辯聰，對真理實相來說都是瓦礫草木，不是真正的寶珠。若能停止對世智辯聰的追求，心能澄淨，方能觀察到心中的琉璃而取得寶珠。此真理寶珠能知世間生滅相種種行為，最後能以佛眼觀察世間獲得一切種智。故發心要修真理大道，不應從小處去學習。

以上，是從事相及觀心的理念談息諸緣務的內容。

具五緣——善知識

二十五方便具五緣的第五項是善知識，修行中，透過善知識的因緣化導能斷除煩惱見真諦。

修行的三種善知識

（一）外護善知識：修行中，護持行者生活、資養物質的人稱為外護善知識。假使在深山絕人之處修行，不靠任何物質來資養色身就沒有外護善知識，假使要專修三種三昧（常行、常坐、非行非坐）就必須仰賴外在的因緣。對於外護善知識不必分別其根性善惡，只要能幫助行者生活所需即可，不見他的過失、不惱怒他、不特別稱歎，彼此保持修行之道友關係，如母養兒、如虎啣子，善於調和得當。

（二）同行善知識：指修行時的同參道友。行者在日常生活中，修隨自意三昧或修四安樂行未必須要有修行同伴，而修常行的般舟三昧、常坐三昧及非行非坐的方等三昧等就必須有好的同伴，彼此互相策勵，於道業上精進不懈，如同乘一條船，互相敬重，如見世尊一樣，是名同行善知識。

（三）教授善知識：教導行者修行上的方法及指正錯誤的人。這樣的善知識必須能說般若，能知道什麼是真理及什麼是外道，在修行上的內外方便、障礙都能通曉，能善說法義令行者歡喜信受，又能於各種方便善知其用，自己能如實實踐無礙，經上說：「隨順這樣的善知識學習能得見恆沙佛。」是名教授善知識。

從觀心的角度來說，佛、菩薩、羅漢是善知識，六波羅蜜、三十七道品是善知識，法性真如是善知識。修行中，藉由佛、菩薩的慈光加被，是外護善知識；六度、三十七道品是入道要門，即是同行善知識；法性真如是真諦理，是諸佛所證之境，境能引發智慧，即是教授善知識。

從佛菩薩、六度道品、法性真理角度而言各具三種意義

（一）佛菩薩之善知識

1.修道時蒙佛的威光加持庇佑，即是外護善知識。

2.諸佛聖人雖具殊勝的法身功德，但應身到娑婆修行成道，即是同行善知識。

3.諸佛菩薩一音演說法，眾生隨類各得解，即是教授善知識。

具五緣中第五項善知識從觀心的角度，諸佛菩薩、各種修持法義、法性真理都是修道者的善知識，但此三項又各具外護、同行、教授善知識的作用。

（二）六度道品

幫助修道就叫護。佛法的法義能幫助行者於修道上開發智慧，次第斷惑而證悟，這些正確的修道方法即是外護善知識。正確的修道法義與行者的修行是息息相關，即是修道者的同行善知識。依此法義能進入空、無相、無作的三解脫門，即是教授善知識。

（三）法性真理

對於行人來說，外在的環境也是修道的道場，所以外境也是行人的外護善知識。

外境與修道的智慧相應，即是同行善知識。尚未見到真理時，如同眼盲不知生命的真諦，真諦理顯現時，如同有眼能見實相，智慧應用無礙，即是教授善知識。若將此三項，從三諦的立場來說，進入空觀時，諸佛賢聖為外護善知識，空的理法是同行善知識，真諦的義理即是教授善知識。假觀與中道觀的情況也是如此！

簡別善知識的邪正，依《華嚴經》說，有善知識魔、三昧魔、菩提心魔。魔能使人捨善從惡，又能使人不發菩提心墮入二乘的境界，從一佛乘的實相來說，羅漢雖行真諦理，但不是究竟的善知識。從《法華經》的義理而言：「外現聲聞相，內祕菩薩行。」外現聲聞也是善知識。菩薩曾作天龍引導行人進入實相，何況是羅漢？

現在所說的魔是指執取實有證悟的羅漢，要引導行人進入一佛乘，聲聞緣覺只是進入一佛乘的化城而已，非真正的善知識，只是一半的善知識，行一半的菩提道與斷一半的煩惱，從圓教的立場，圓教的外護、同行、教授善知識才是真正的善知識。

呵五欲

修止觀的二十五方便第二項是呵五欲，呵五欲指的是呵除色、聲、香、味、觸。在《十住毗婆沙論》中說：禁止對六塵產生情欲，這就如同要拘縛狗、鹿、魚、蛇、猿、鳥一般。狗喜歡在有人聚集的地方，鹿喜遊走於山林水邊，魚乃生活於池水中，蛇樂居於洞穴裡，猿猴樂居於森林，鳥依空而飛翔。六根追逐六塵，不是凡夫的淺智慧、薄弱的志向所能降伏的，只有甚深智慧、堅固的信念才能降伏。

如章安大師說：眼貪色相如狗喜歡聚落，耳貪音聲如鹿喜歡山澤水邊，鼻貪香如魚乃好游水，舌頭喜歡各種味道如蛇喜居穴中，身執著觸感如同猿猴，心緣各種世間相如鳥飛空。五塵本是與欲望無關，但五塵卻能導引行人產生欲望的心，故說是五欲。

所謂色欲，一切外相的青、黃、赤、白，色身的形相、儀體的美貌乃至一切物質的珍珠寶物都會誘惑人心，在禪門中，色欲害人尤深，令人狂醉，是修道人的生死根本。

如難陀為了喜好天人美色而持戒，雖得羅漢，習氣未斷，何況是一般凡夫！經上說，眾生貪心如狼，喜好財色，故無法得道。若被色所驅使就不得自在，只有呵除色欲方能入定。

所謂聲欲，即呵除箜篌箏笛、絲竹金石等樂器的聲音以及男女淫穢、曖昧等的音聲或身上所佩帶之環釧、鈴鐺等聲音。

所謂香欲，即呵除喜好男女身上的體味、世間飲食的香味及能發出香氣的一切東西。

所謂味欲，即呵除對酸、甜、苦、辣、辛等香味及種種飲食美味的貪著。

所謂觸欲，即呵除身體接觸外物的柔軟細滑等種種感覺。

此五欲的過患，色如熱金丸，執取它就會有燒身的危險；聲如塗上毒的鼓，聞其聲必死；香如憋龍氣，嗅之則病；味如沸騰的蜜湯，近之則舌爛；觸如臥獅子，靠近則會被咬傷。此五欲者，若貪得無厭，惡心越來越深，則如火上加薪，世世為害。

從觀心來說，呵色入空，是藏教觀；諸色本空，不入色中，是通教觀；知色非空，恆沙佛法都能通達，是別教觀；於色中見實相，是圓教觀。觀照五欲依止觀方便則可成就三昧而得解脫。

棄五蓋

二十五方便的第三項是棄五蓋，所謂貪欲、瞋恚、睡眠、掉悔、疑，這五項通稱蓋，是因這五項會蓋覆心性，讓人心神昏暗，不能開發定慧，故名為蓋。前面呵五欲是五根對外在五塵引發五識的分別，現在棄除五蓋即是棄除內心第六意識的障礙。

貪欲蓋：對過去所經歷的五欲不斷思索執取，如貪過去所看到的美色、聽過的可愛音聲、嘗過的美味等，不斷思索回憶，心生貪念而忘失正念或密作種種方便希望能夠再獲得，是名貪欲蓋。

瞋恚蓋：心中充滿忿恨，追想是有人惱害我、惱害我的親人、加深我的怨恨，因此忿怒相續，百般計畫想要加害對方，讓自己的忿恨能暢情為快。如此瞋火燒諸功德林，怎麼可能產生禪定？此即是瞋恚蓋。

睡眠蓋：心神昏沉為睡，六識不作意、手腳任意擺放為眠，睡眠時會讓心念停滯，無法增長善法。喜歡睡眠的人因放逸而妨害精進修道，何況是修禪定？是為睡眠蓋。

掉悔蓋：身好遊行、口說無益嘻笑，名為掉。因身心散亂，有時不謹慎做了無意義的事而覺得可恥，名為悔。心中常常憂慮後悔，這種煩惱念頭不斷圍繞心中，則成悔蓋。這兩種煩惱會蓋覆心性，不能開發禪定，是為掉悔蓋。

疑蓋：因為疑心而障礙對真理的了解與信任，同時也障礙禪定的學習，是名為疑。疑有疑自、疑師、疑法三種。懷疑自己根機劣，不適合修道，是名疑自。懷疑此人身口不清淨，如何會有深的禪定與智慧？如果跟他學習將會誤導我，是名疑師。懷疑所接受的法真能悟道成就嗎？是名疑法。三疑常在心中猶豫不決，障礙修學禪定，是名疑蓋。

若貪欲蓋重，可修不淨觀對治。瞋恚蓋重，修慈悲觀對治。若睡眠蓋重，思惟法相，選擇善惡之法，策勵身心。掉悔蓋者，可以數息來收攝散亂的身心。疑蓋者，以人身難得之想，對治疑自；觀自己煩惱重，故道眼未開不能辨別善知識，以對治疑師；觀自身本具法身財寶尚未完全覺悟以對治疑法。

進一步闡述五蓋

五蓋是否都會障礙修禪定有不同的說法。有人說無知是真正的障礙，禪是有次第的修持法門，若無知的話，如何能修習禪定？無知指的是睡眠蓋與疑蓋。有人說：散亂的心是修禪定的障礙，因為心念散亂是無法進入禪定的，如掉悔蓋即是。

有人說貪瞋是修禪定的真正障礙，因為禪是柔軟的善法，具貪瞋的心也無法修習禪定。故，各各觀點不同。在這裡通稱五蓋，都是修禪定的障礙，如四大不調的話，通身都是病，五蓋也是如此，具其中一種煩惱都無法安心修習禪定的。

那麼引發初禪的禪定時，五蓋完全去除盡了？初禪的禪定是離三毒為四分（四分指覺觀），貪瞋癡各別發時是三分，不叫做「等」，三毒同時生起才叫做「等」。三毒分別生起，是覺觀而已，三毒同時生起才叫「覺觀多」，即是四分。因為初禪是「有覺有觀」，五蓋中，貪、瞋兩分是兩蓋，癡分有睡眠、疑兩蓋，三毒並起為等分的掉悔蓋。

若廣開四分，一分有二萬一千煩惱，四分就有八萬四千煩惱。從苦諦而言，則是八萬四千法藏；依集諦來說，則是八萬四千塵勞門；依道諦來說，則是八萬四千陀羅尼；依滅諦來說，則是八萬四千波羅蜜。四分的法相有如此深入之理，五蓋的道理也是如此。

上面所說棄五蓋，指的是「五鈍使蓋」障礙初禪生起，若入初禪，此五鈍使的煩惱就盡了。

若是五利使的五蓋，則是障礙見真諦理。空見的人執著所見為實在的，若其意見相違背，他就會生起瞋心，順從他的則起貪愛，即所謂的貪、瞋兩蓋。無明覆蓋清淨心念，錯誤執取一切，無法審查明了，即是睡眠蓋。心之躁動（掉）或憂惱已作之事（悔）皆能蓋覆心性，即是掉悔蓋。執著空見為實又對法生起懷疑，即是疑蓋。此五種覆心，則終不見真諦。

從空、假、中三觀角度說明五蓋

從破蓋入空觀的角度而言，呵去五利使蓋後，證入須陀洹果，從初果羅漢的境界，執著真諦為貪，捨去思念為瞋，思惑尚未斷盡為睡，失去正念為掉，非證入無學位（羅漢）名疑。故知五蓋障礙見真諦理是通達三果羅漢的，能夠去除五利使的五蓋才是無學的四果羅漢。

從破蓋入假觀的角度而言，依空見生起煩惱（蓋），障礙證入假觀菩薩的俗諦理，為什麼會如此？

因為沉迷空相，以為見空就證得涅槃。譬如貧窮的人獲得極少的東西便覺得滿足了，不會想要再追求更多好的東西。想要擁有此空的心念，是名貪蓋；憎厭生死，故捨離此心不作觀照，即瞋蓋；沉迷於無為空寂之中，不肯回到世俗修持假觀乃至不識知五蓋之微細相，名睡蓋；於空的境界中仍然能意亂眾生，名掉悔蓋；假觀的觀照智慧無法清楚明白，名疑蓋。這些煩惱蓋不棄除，道種智或俗諦三昧終不能現前，假使這些煩惱蓋去除，假觀菩薩的法眼智慧就能明朗。

從破蓋入中道觀的角度來說，依中道觀生起煩惱蓋，障礙證入中道，為什麼？若菩薩貪求佛法，沒有厭足心，名愛著法；因此，順此生愛著心，名貪蓋；不喜歡二乘，是名瞋蓋；未入中道，尚有無明在，沒有智慧的清明，即睡蓋；菩薩的三業雖沒有過失，與佛比較還是有缺失的，名掉悔蓋；初心菩薩住中道正觀，一切義理雖能通達成就，但不及後心的境界與智慧，是名疑蓋。此五蓋不除終不能與實相相應，若此五蓋棄除就能顯發真理開佛知見。

此五蓋內容並非凡夫才有，每一地菩薩都有，唯佛能究竟去除。以上五蓋是從一般可以思議的角度，障礙修習禪定來說的，若從不可思議的方面而言，此五蓋也可以透過觀空、觀假、觀中的理念來闡釋。

調五事

習禪的前方便，二十五方便的第四項是調五事，調五事指調食、調睡眠、調身、調息、調心。

四大不調無法成就修禪，食與睡眠是就禪定之外相而言，而調身、調息、調心是就禪定的入定、出定、住定情況調和：

（一）調食者：會增加病痛、增益睡眠、增進煩惱的食物都不應該食用。簡單的說，不飢不飽是調食相，《尼犍經》上說：食物吃得多，身體沉重易生懈怠，現在不舒服也影響未來要做的事。因吃多容易昏沉，自己精神萎靡受苦也容易惱亂別人。

（二）調眠者：睡眠是眼睛的食糧，不可以因故不睡眠而苦撐，會增加心念煩憂、損失功夫，也不可以放逸而多睡眠。在前面呵除五蓋中，要去除睡眠蓋是去除入正定的障礙，修禪時有散亂心，是放縱四大的緣故，簡單的說，不放縱、不節制睡眠是調睡眠相。

（三）三事調和者：身、息、心，此三者是相互依存，無法分離的。如人初受胎時，有煖、命、識三項和合，煖是身體的物質現象，命是氣息，識是這期生命的心。託胎時有此三事，這三事互相增長，七天一個變化，經過三十八個七天，出生是名嬰兒，這三事不再增長，是為壯年，這三事漸漸衰微，是為老，這三事毀壞，是為死，調身、息、心也是如此。

初入定時，調身令不鬆弛、不緊繃；調息令不澀、不滑；調心令不昏沉、不掉舉。於初入定中，要時時觀照身、息、心，讓這三者能調和，如同調和絃的緊鬆，要調到適中方能彈出美妙的琴音，要出定時，也要使身、息、心三者調節後，方才出定。

若能調和凡夫這三件事就能成就聖人的身、心、息。身為持戒規範的根本，息為入定的最初門戶，心為開發智慧的主因。持戒能捨離惡趣的卑鄙身，成辦聖人圓滿六度的法身。息能轉散亂變動的惡覺而成就禪悅法喜。因為禪定而引發智慧，聖人以此禪定為命。此心能改變生死心，為菩提心成聖人識。如此三事調和即能成就聖事。

已說明調和身、心、息的重要，現從觀心角度再論此五事意涵：

（一）調食者：從空觀的角度來說，初觀真諦理所產生的定慧都是進入空境消除、清淨各種煩惱業習，此是飢相。如《法華經》說：「飢餓羸瘦，體生瘡癬也。」從假觀的角度來說，觀俗諦理所生的定慧，重視對世間的教化以及在世間諸法上之應用，名為飽相。

所以說「歷劫修行，為了成就恆河沙無量無邊的佛法」，不管空觀與假觀，在意義上是飢飽不調和，只有中道的調和是禪悅法喜，沒有空觀與假觀的偏頗，是名不飢不飽。

（二）調眠者：從空觀的角度，尚未破除無明惑。所以在空靈的寂靜中與無明合，容易沉溺於空相之靜寂中，睡眠的情況就多了。若能出離空境，從假觀上，觀照明了、分別清楚，調伏無明惑，睡眠的情況就會減少。進而能斷除無明惑，進入中道觀，無明實性即是明，不斷癡愛煩惱，當下即能起智慧明而得解脫。《維摩經》上說：「轉無明，即變為明；行於非道，（是名）通達佛道。」

（三）調身者：《涅槃經》說「六波羅蜜滿足之身」，調和此身，讓坐中感覺不寬鬆也不急促，自自然然。《大品般若經》說：樂說無礙六度波羅蜜之法，是為魔事

（樂著高座說法）；知而不說六度波羅蜜法，也是魔事。

（四）調息者：以「禪悅、法喜、慧命」為息。如《大品般若》說：般若，不屬於利也不是鈍。若是鈍的話，名為澀；若是利的話，名為滑；如果不鈍不利，才是息調相。

（五）調心者：菩提心難以發起，是為沉；菩提心容易獲得，名為浮；非難非易，是為調和相。

若從三觀的立場來說：三藏教、通教，為斷除煩惱而入空，以進入真諦為證相。若別教，為教化眾生而入俗諦，分別不同藥方與病因，廣為認識各種法門而發菩提心，此心為浮。若圓教，觀實相諦理，於空境不沉溺、於俗諦不浮動，是為調和相。

行者善調此身、息、心，使其不寬、不急、不澀、不滑、不沉、不浮，是為調和相。

行五法

二十五方便的第五項是行五法，行五法指欲、精進、念、巧慧、一心。譬如製陶師雖有材料與工具，若不想去做也無法完成任何作品，此五法對於禪修的人來說也是如此。

欲，是想要禪修的心；精進，持續不斷的做；念，念念不忘禪修；巧慧，善巧方便的方法；一心，專注不移。這五法是通學一切大小禪定及世間禪、出世間禪，故名方便。

欲：是想從人生活的欲界證入色界的初禪。

精進：欲界因誘惑多，若不精進很難超越、出離，所以《大智度論》說：布施、持戒、忍辱是世間法，因布施才會有財富、因持戒方獲得人身、因忍辱可以改善人際關係。現今要知道諸法實相，想要般若智慧，必須修禪定、行大精進方能完成。

念：一心念念修學禪定，不思惟其他事。

巧慧：能分別初禪是值得尊重、可貴的，而欲界多煩惱是欺誑、可惡的；欣羨初禪是清淨殊勝、微妙、出離煩惱的，而厭惡欲界是苦的、身心是粗糙的、多障礙的。若與外道比擬，今佛弟子用邪相進入正相，以無漏心修，還成正法，也算是巧慧。

一心：修學禪定，一心專志於所緣境上修，即是一心。行人如發心修道，如果沒有想要追求佛道欲念的話，則身心就不會有所督促、策勵，既無身心的策勵，便無念想的方便，既無念想的方便，便無由專心致志，既無專心致志，想要祈使止觀有所成就，那是不可能的。

所以行人宜專心一意行此五法不可，此為行五法的意義。

以下從空、假、中三觀的立場，解說行五法的意涵：

（一）從空觀而言

欲，想從生死進入涅槃。精進，一心專注於無漏法上修學。念，念念皆是要入涅槃寂滅。巧慧，能分別生死過患，趨於涅槃寂滅。一心，決定修八正道，直入不迴轉地，趨入真諦。此是自行五法的內涵。

（二）從假觀而言

欲，想要廣度眾生成就佛法。精進，雖眾生業性眾多，佛法長遠，為度眾生，終不退悔。念，悲心徹骨，救度眾生如母憶子。巧慧，巧知眾生病因，善識法藥以引導眾生。一心，決定度化眾生，使他們能得到解脫，此心不二也。此為化他五法的意涵。

（三）從中道觀而言

欲，想從空假兩觀正入中道。精進，不雜兩觀，任運修持。念，一心專緣法界。巧慧，善知修中道觀。一心，離空假兩邊，心水澄清，善知世間生滅法相，清淨常一，能見般若。此為觀心五法的意涵。

故，行五法宜按欲、精進、念、巧慧、一心等五法，分別付諸實踐，而且分自行、化他、觀心等三項加以討論。

以上，具五緣、呵五欲、棄五蓋、調五事、行五法等二十五方便為修定的外方便，又稱遠方便；因為調和身心而能見真諦理，在「正修行」章中，十種境界為近方便。但若經二十五方便而證悟圓理者，諸如遠近或內外等差別就無劃分界限的必要了。

總之，二十五方便的見解大部分是依《大智度論》組織所成，凡此二十五方便為止觀實修的前方便，故一向深受當時教內人士普遍重視並由智顗大師納入所著作的止觀體系中。

為什麼修圓頓止觀的人宜修二十五方便呢？乃是因為當時頓悟禪的思想彌漫一時，智顗大師在所著述的《摩訶止觀》一文中，曾針對九師相承及六師學說痛加批判，謂上述諸師雖亦崇奉體心、踏心、融心、了心等禪法卻多半不重修持，無視經論的存在，其所宗者無非是屬於自由心證之頓悟禪而已，由此頓悟禪與頹廢思想幾乎沒有分別，動輒詆毀戒律，甚至於縱容為惡而不自知。

由此可知，頓悟禪風行於當時，智顗大師益加堅信所謂真正的頓悟禪必須以經論為主要依據，除此之外，必須兼以虔敬嚴謹之佛道修行為輔，如此所修之法門才容易成就。

如就當時教界一般背景而言，智顗大師所講述的《摩訶止觀》旨在確立圓頓止觀的體系與組織，但另一方面，智顗大師猶針對當時頓悟禪散漫頹落之風，主張真正修習頓悟禪者必須於修習十境、十乘觀法之前，具足二十五方便之預備條件，此為智顗大師闡示《摩訶止觀》的主要宗旨。

開十境

《摩訶止觀》究竟的教學目標是要了知諸法實相，其中不可欠缺的宗教實踐就是正修行，就是將心制於一處（止），以如實的態度來看（觀），而將所觀的諸法與能觀的止觀加以整理就成為一種心的教學體系。被觀察的世間萬相，如果只視為普通的諸法，就無法用止觀來究竟其真實相，而且所觀的諸法與能觀的法有何關係？究竟要用何種態度來觀察等問題，也就是修習方法所產生的諸多問題，於此智顗大師以十觀、十境來回答。

前六章，依經典以開發圓教妙解；第七章，則依妙解以確定真正觀行。修學止觀到某種程度，煩惱障、業障、報障及煩惱魔、五陰魔、死魔、天魔俱起，昏沉與散亂並發，遇到這種情況不可隨、不可懼怕，應以「止」止住散亂，以「觀」轉昏沉向澄明，切莫愚癡遲鈍見思惑深而喪失菩提心。

又小乘者執著體心、踏心、覺心、融心、寂心、了心，未通達大乘妙境，只會墨守成規，如何自行化他？又不識知止觀之境相，才見定中相似空之異相即認為是道，而有信、有行、有解之行者方能入此圓頓止觀之妙法。

修止觀時所觀的十種境界概說

此十境的發相有次第性與非次第性而互發禪境，十境即是：（一）陰入界境；（二）煩惱境；（三）病患境；（四）業相境；（五）魔事境；（六）禪定境；（七）諸見境；（八）增上慢境；（九）二乘境；（十）菩薩境。

這十境是從凡夫位到未達真理大道的方便位間，就其可能遭遇之障惑而劃分的，其中陰入界境特別受到重視，內容也詳加介紹。

其餘九境是將我們眾生被煩惱支配的心，依據其特徵而整理出來的，當我們深入陰入界境遇到止觀不調時才要觀察這九境，所以其餘九境並不是要時常觀察的。

十境生起的緣由

（一）陰入界：《大品般若經》說聲聞人依四念處修道，菩薩最初的行法是從觀色入門乃至成就一切種智，另外，行人皆受果報之身，要捨離陰入界之重擔方能入道，所以最初觀此境相。

（二）煩惱：煩惱來時與五陰相隨，然一般人不易察覺煩惱之奔馳，今觀察五陰，制止煩惱之奔流而動了煩惱因，所以次觀煩惱。

（三）病患：因為觀察五陰及煩惱而衝擊了經脈、五臟肺腑，所以四大不調，產生了病患。

（四）業相：無量諸業不可算計，因止觀能生善滅惡，今由於修習止觀動盪了運載生死之輪的業相。

（五）魔事：無始劫來，縱然生善滅惡，仍屬於有漏，猶隨魔界，今修止觀順於菩提、涅槃，魔唯恐行者出其掌控，於是作諸留難行人欲破壞其道。

（六）禪定：若是通過魔事考驗則出生修道功德，由於過去習因或現在修觀行力之故，各種禪境競相生起。

（七）諸見：在禪定中，若縱恣觀法之中則易生邪辯、猛利智慧而成就邪見，所以復觀諸見。

（八）增上慢：用止觀觀諸見而知道是妄、是非，此時諸見及貪瞋等粗重煩惱暫時止息不生，於是不了解法門大小、階位深淺者便以為已證得涅槃，自我矜高，此即為增上慢。如小乘橫計四禪為四果，大乘亦有魔來與菩薩授記等事。

（九）二乘：《大品般若經》說：「恆沙菩薩發大心者，會有一、二人入菩薩位，但大多墮入二乘境。」先世曾經是小乘根性者，因修止觀令此種子現起，故有此現象，如舍利弗捨眼想成就菩提，終因眾生難度而生起退失大乘的心念。

（十）菩薩：行者若憶念菩提本願，不墮二乘而行諸方便道，即能生起菩薩境界，然而行六度不久及通教方便位的菩薩，若聽聞甚深般若乃至道種智、十八空等法門，若生起誹謗即墮泥黎（地獄）。此等境界皆是方便善根所現！

《摩訶止觀》設十境之始，是援引《涅槃經》、《維摩詰經》、《大智度論》和《究竟一乘寶性論》等作為根據，但值得注意的是，此十境大都是智顗大師的親身修行體驗，以下探討十境內容時不難推知。

【人間般若 020】

課堂上的摩訶止觀・壹

作　　者　永　本
畫作提供　小魚（陳正隆）

總 編 輯　賴瀅如
主　　編　田美玲
編　　輯　蔡惠琪
美術設計　不倒翁視覺創意・翁翁

出版・發行　香海文化事業有限公司
發 行 人　慈容法師
執 行 長　妙蘊法師

地　　址　241新北市三重區三和路三段117號6樓
　　　　　110臺北市信義區松隆路327號9樓
電　　話　(02)2971-6868
傳　　真　(02)2971-6577
香海悅讀網　www.gandha.com.tw
電子信箱　gandha@gandha.com.tw
劃撥帳號　19110467
戶　　名　香海文化事業有限公司

總 經 銷　時報文化出版企業股份有限公司
地　　址　333桃園縣龜山鄉萬壽路二段351號
電　　話　(02)2306-6842

法律顧問　舒建中・毛英富
登 記 證　局版北市業字第1107號

定　　價　新臺幣320元
出　　版　2019年9月初版一刷
I S B N　978-986-97229-6-4
建議分類　天台宗｜佛教修持

國家圖書館出版品預行編目(CIP)資料

課堂上的摩訶止觀 / 永本作. -- 初版. -- 新北 : 香海文化, 2019.09
冊 ; 14.8×21公分
ISBN 978-986-97229-6-4 (第1冊 : 平裝). --
ISBN 978-986-97229-7-1 (第2冊 : 平裝). --
ISBN 978-986-97229-8-8 (第3冊 : 平裝). --
ISBN 978-986-97229-9-5 (全套 : 平裝)

1.天台宗 2.佛教修持

226.42　　108008659